El Enfoque Integrado en Educación

¿QUÉ DIMENSIONES TIENE TU AULA?

Carmen Sánchez y Mª Luisa Ariza
(Coords.)

NARCEA, S.A. DE EDICIONES
MADRID

© NARCEA, S.A. DE EDICIONES, 2026
Paseo Imperial, 53-55. 28005 Madrid. España
www.narceaediciones.es

Imagen de cubierta: Freepik

Composición: Montytexto

ISBN papel: 978-84-277-3372-5
ISBN ePdf: 978-84-277-3373-2
ISBN ePub: 978-84-277-3374-9
Depósito legal: M-5104-2026

Impreso en España. Printed in Spain

A todas las personas que aman la educación
y, especialmente,
a cualquier docente que quiere serlo.

Han participado en la elaboración de este libro

Coordinadoras
Carmen Sánchez Sánchez-Mármol
Mª Luisa Ariza Brigidano

Autoras
Ana Alonso Martínez
María Luisa Ariza Brigidano
Teresa Concepción Cancelo Dos Santos
Virginia Diez Bielsa
Joyce Etienne García
María del Mar Gallardo Samper
Carolina González González
Beatriz González López
Isabel López Villa
Carmen Sánchez Sánchez-Mármol
Blanca Santa Cruz Ruíz
Ángeles Vega García

Índice

© narcea, s.a. de ediciones

© narcea, s.a. de ediciones

Prólogo

Begoña Ibarrola

Tener en cuenta diferentes dimensiones en el aula es toda una innovación que demuestra un abordaje integral en la educación del alumnado, un objetivo que está presente en cualquier ideario educativo. En todo aparece la palabra "integral" y esto, que puede parecer obvio y que podemos pensar que se aplica en todas las aulas del mundo, en realidad, no lo es.

La dimensión cognitiva suele ser la reina del aula, dejando de lado otras dimensiones que, curiosamente, influyen de forma potente sobre ella, como es la emocional. Todo educador sabe, y la neurociencia lo confirma, que las emociones son las guardianas del aprendizaje y que un alumno brillante puede fracasar en un examen por un fuerte estado de ansiedad, o incluso puede tener dificultades para recordar y "quedarse en blanco" si le inunda el miedo.

Por tanto, es necesario comprender la jerarquía de estas dimensiones y dar oportunidades de desarrollo a todas, como se muestra en este libro.

Se dice ya en la presentación que un enfoque integrado resulta esencial para la educación y yo añadiría, no solo esencial, sino que en realidad fuera de este enfoque no puede darse un verdadero proceso transformador como el que debe ocurrir en el interior de cada alumno, cada día en el aula.

¿No es el ser humano un todo integrado? ¿Cómo es posible que aún no exista de forma generalizada una medicina integrativa? Hasta ahora en el campo de la medicina se ve al ser humano como un compuesto de órganos y sistema separados y por eso hay diferentes especialistas para cada síntoma o dolencia, lo que impide ver a la persona de forma global, y solo se atiende a sus síntomas. Espero que a la educación no le suceda lo mismo, aunque aún veo algún profesor al que solo le interesa dar lo mejor posible su asignatura, olvidándose del ser humano en formación que está sentado frente a él. Y esto pasa con frecuencia en las aulas de secundaria y bachillerato, como si la integración fuera patrimonio de la etapa de infantil y quizás algo de la primaria…

Me ha sorprendido gratamente el que se aborde la dimensión ética en primer lugar. Decía en una entrevista Howard Gardner, psicólogo, investigador y profesor de la Universidad de Harvard, que "una mala persona no llega nunca a ser un buen profesional". Y me parece muy oportuno reflexionar sobre ello pues la ética está en franca retirada en nuestra sociedad actual, no hay nada más que ver las noticias en cualquier medio.

También recuerdo que Richard Davidson, al que admiro, doctor en Neuropsicología e investigador en neurociencia afectiva de la Universidad de Wisconsin-Madison, decía en otra entrevista que "la base de un cerebro sano es la bondad y se puede entrenar". Queda claro que no hay mayor beneficio social para todos que promover la cooperación, que se nutre tanto de la bondad como de la ética, y que puede convertirse en un antídoto del *bullying*, un mal presente en muchas aulas de todo el planeta.

Otro elemento que destacar en este libro es la propuesta de interdisciplinaridad. Aún queda lejos de la realidad de muchos centros educativos, pero puede ser un faro que nos guíe hacia una meta mejor. Si el docente sigue hablando de "su asignatura" como la más importante significa que aún no ha incorporado a su paradigma la noción de integración disciplinaria y por eso este principio no se puede imponer sin un cambio de conciencia de que la vida es relación, que nada existe separado de nada y que nuestro propio centro educativo, y cada aula, es un ecosistema en el que todo afecta a todo.

Este concepto innovador y necesario puede provocar un cambio en la valoración de las asignaturas y espero que, con el tiempo y con la lectura de este libro, deje de perpetuarse la idea de que Matemáticas y Lengua son las más importantes y el resto son secundarias, craso error.

Otro aspecto que resaltar en el libro es la referencia a los espacios de aprendizaje. Hoy en día las investigaciones de la neuroarquitectura y neurociencia nos aportan datos muy interesantes sobre cómo crear entornos de aula emocionalmente saludables, donde se favorezca el aprendizaje y las relaciones interpersonales satisfactorias.

Me han gustado especialmente los apartados referidos al docente. Es importante ser conscientes de que cualquier educador puede dejar una huella o una cicatriz en sus estudiantes. Al leerlos he recordado una conclusión de un estudio sobre los profesores de nuestra infancia y adolescencia. Decía que el 90% de las cualidades por las que recordamos a algunos profesores son de carácter socioemocional y solo el 10% tienen carácter cognitivo. Si no recordamos a alguno es que ha pasado por nuestra vida sin dejar su impronta ¿A qué profesores recuerdas tú, lector?

El capítulo octavo, dedicado a la unidad de aprendizaje, es suficientemente motivador como para que cualquier docente quiera implementar sus propuestas en el aula, garantizando la motivación y el aprendizaje emocionante. Su descripción y ejemplos plantean una base sólida y una paleta de colores diversa que aporta sugerencias y modelos muy atractivos y fáciles de llevar a cabo.

Estoy segura de que este libro será fuente de inspiración para muchos docentes y sus alumnos podrán cambiar el mundo gracias a sus propios cambios personales. Solo me queda dar las gracias a

© narcea, s.a. de ediciones

todas las personas que han participado en la elaboración de este libro y a su dos coordinadoras e impulsoras del Movimiento "Acordeón", Carmen Sánchez y Mª Luisa Ariza, docentes que inspiran, y que aman la educación con todo su corazón.

Prólogo

Juan José Vergara

En sus inicios, los Centros de Profesores en España eran espacios diseñados para el encuentro entre docentes pensados como "Plataformas estables para el trabajo en equipo de Profesores de todos los niveles educativos, gestionadas de forma democrática y participativa y apoyada por la administración" (R.D. 2112/1984). Su antecesor democrático son los CEIRES (Círculos de Estudios e Intercambio para la Renovación Educativa) creados un año antes que se entendían como "una agrupación de profesores para el perfeccionamiento, intercambio de experiencias y actualización del ejercicio de su función docente" (O.M. de 3 de agosto de 1983).

Reunir a profesorado de grupos y niveles diversos para compartir experiencias, debatir sobre sus prácticas, detectar necesidades de formación y emprenderlas conjuntamente. No era mala idea. La historia dirá si la dirección que están siguiendo actualmente es esa o han viajado por otros derroteros.

Este libro, coordinado por Sánchez y Ariza, es fruto del empeño que ha tenido un grupo de docentes para reunirse, compartir, debatir y detectar necesidades propias de formación con relación a sus propias prácticas docentes. Es algo que han estabilizado a la largo de varios cursos y que ha viajado paralela a su profesión de educadoras. Al margen de acuerdos o desacuerdos sobre sus planteamientos, el

© narcea, s.a. de ediciones

gran valor del libro es que las reflexiones de sus autoras son producto de su hacer diario en el aula. También los materiales, las experiencias que narran y las necesidades de formación que acentúan relevantes para el trabajo docente.

Hay un eje que recorre toda su reflexión: poner en el centro al alumno, a la alumna. Alguien a quien ven cada día en sus aulas y a quien llaman por su nombre. Desean que las experiencias educativas que provocan la enriquezcan como persona y la haga más feliz. No es de extrañar que pongan en relieve aportaciones como estas:

- *"Aprendo, cuando siento que lo que aprendo sirve para algo".*
- *"Aprendo, cuando hay sonrisas …".*

Conseguir que la educación se comprometa directamente con las personas y atienda a sus necesidades exige que los diseños didácticos conecten sus vidas concretas con los contenidos de la enseñanza. Para ello es necesario que estos hablen de ellas mismas. ¿Qué dicen los contenidos del alumno concreto? ¿Qué dicen de sus vidas, sus deseos, sus temores o sus sueños? Diseñar la enseñanza es plantearse estos interrogantes y las autoras lo hacen en los proyectos que narran:

- *"La Odisea habla de mí (…) Todos llevamos dentro un héroe dispuesto a vivir aventuras fantásticas e increíbles, a superar peligros en busca de su Ítaca".*
- *"La flauta mágica habla de mí. Quién no ha disfrutado una historia de amor, reinas malvadas, templos de sabiduría, seres del bosque, dragones, objetos mágicos, retos a superar… además de ser una excelente ópera de Mozart".*

Para conseguir que el proyecto educativo cumpla este requisito es necesario integrar los distintos saberes y ponerlos a su servicio. Las autoras llaman a este esfuerzo de trabajo *El Enfoque Integrado* y formulan *seis dimensiones* sobre las que centran su reflexión educativa como grupo de docentes. A partir de ellas realizan lecturas, formaciones, eligen materiales didácticos y orientan sus experiencias

© narcea, s.a. de ediciones

educativas de forma conjunta y a lo largo de los años. No me resisto a señalar algunos aspectos de estas seis dimensiones que ellas formulan desde mi particular preocupación como docente.

Dimensión ética. Educar es una provocación que invita a *decidir*. A valorar. Conocer tiene sentido en la medida que provoca juicios que nos construyen como personas y nos comprometen con el mundo. Algo muy alejado a entender la educación como un recurso técnico, exclusivamente instrumental o adaptativo. Decidir sobre la realidad que cada cual habita es una necesidad para alumnado y docentes. Conocer tiene sentido en la medida que permite elaborar juicios sobre aquello que nos rodea, el entorno político, social, cultural o científico. También sobre nosotros mismos. En términos de Freire, la *educación es un acto político*. Ser capaz de generar miradas sobre la realidad y situarse de forma activa frente ella.

Dimensión estética. Frente al modelo de cultura de élite, es necesario *desarrollar la capacidad de construirla comunitariamente*. La experiencia educativa, como algo que nos enfrenta a la realidad y *nos interroga*, es una dimensión interesante para explorar en nuestras clases. La necesidad de enriquecernos con una *actitud de apertura* y de *enseñar a preguntar más que contestar* por aquello que nos rodea, son grandes ejes didácticos. En este sentido, la experiencia educativa se nutre de la capacidad de *extrañamiento* ante los objetos, realidades, narraciones o sucesos. El diseño didáctico debe obligar al alumnado a interrogarse sobre lo que se le presenta. A mantener una actitud de inconformismo activo que le motiva a nuevas investigaciones, relaciones, acciones y reflexiones.

Dimensión emocional. Hoy sabemos que *la emoción es fundamental para la toma de decisiones*. La determina hasta el punto de hacerla posible. Si educar invita a decidir en torno a la realidad que vivimos, esta solo es posible si se acompaña de la emoción que provoca. Pero ¿cómo provocarla en nuestros proyectos educativos? La mejor respuesta a esta pregunta es hacer que la realidad se convierta en un espejo que devuelve la mirada al alumnado: ¿dónde puedo ver la realidad que quiero tratar en mis clases en la vida que habitan cada uno de mis alumnos y alumnas?

© narcea, s.a. de ediciones

Dimensión relacional. Aprendemos mejor juntos que en solitario. Esto es algo que sabemos y practicamos como docentes día a día en nuestras clases desde hace algún tiempo. *Aprendemos como vivimos; en comunidad*. Esto invita a dos reflexiones. El aprendizaje solo es realmente cooperativo en la medida que se construye desde el marco de la *ayuda-mutua*. Esto tiene consecuencias en todo el proceso didáctico, desde el diseño, los materiales, las acciones y la propia evaluación. También en los modelos de organización de las propias escuelas y sus docentes. El aprendizaje invita a *ser-con-los-otros*. Dicho de otra forma, la construcción cooperativa del aprendizaje determina directamente la construcción de la propia identidad.

Dimensión corporal. Aprender invita a actuar. Hasta el punto de que no es posible disociar el cuerpo de lo que sentimos y lo que pensamos. Aprendemos con todo nuestro ser. También con el cuerpo. El aprendizaje *exige* acción y también *invita* a la acción. Quizá por ello me ha interesado siempre el *enfoque de proyectos* (ABP). Una de sus características más visibles es que el proceso educativo exige una acción final que obliga al grupo de aprendices y docentes a comprometerse con el aprendizaje vivido. Si aprender es una acción fundamentalmente ética –que obliga a decidir sobre la realidad que habitamos– la acción se hace inevitable.

Dimensión intelectual. Necesitamos organizar la realidad que observamos construyendo modelos que nos permiten entenderla. Para ello usamos modelos científicos, narrativos, históricos, artísticos, etc. Aprendemos en la medida que nos hacemos preguntas en torno a la realidad y buscamos respuestas que nos permitan entenderla y modelos mentales que la organizan.

En el libro que tienes delante, las autoras asumen el reto de diseñar sus clases integrando saberes y buscando que los contenidos de la enseñanza estén al servicio de esta y no al revés. Lo hacen reuniéndose de forma periódica, compartiendo lecturas, formaciones y experiencias reales de sus aulas. Una forma muy saludable de emprender conjuntamente la tarea de hacer educación día a día.

© narcea, s.a. de ediciones

Presentación

Estamos inmersos en la vorágine del presente, casi sin tiempo para dejar que nuestros pensamientos maceren un segundo. Por eso te agradecemos que hayas abierto este libro. Estas páginas que lees te invitan a parar, sentarte cómodamente y descalzarte, sabiendo que estás al calor de la manta de los amigos, porque eso es en lo que nos hemos convertido este grupo abierto de docentes a lo largo del tiempo: profesionales y personas amigas que escuchan.

Durante años nos hemos formado. Hemos compartido nuestras inquietudes y hallazgos a través de cursos, seminarios, encuentros... Yendo a lo genuino, buscando lo esencial. Compartiendo y valorándonos desde la amistad. Somos ecos de espíritus entusiasmados por nuestra aula, que pensamos que se debería poner el acento en el alumnado, en el docente, en el aula, más allá de discursos y burocracias interminables que caen a menudo en tierra baldía.

Nos gusta centrar nuestras energías en cómo mejorar nuestra labor, desde el entusiasmo por lo que hacemos.

Y ese entusiasmo nos ha llevado a poner nuestras fuerzas en común, a desear difundirlas y a que se extiendan en un movimiento que presenta rasgos de una pedagogía innovadora, comprometida y actualizada: el Movimiento "Acordeón"

Nuestro símbolo es un acordeón porque, al igual que nuestro enfoque, este instrumento presenta sus piezas integradas y necesita de todas ellas para difundir su buen sonido. En sus pliegues se representan los diferentes capítulos, desde los planteamientos, empezando por las seis dimensiones educativas del ser humano, pasando por los planteamientos metodológicos y llegando hasta ejemplos de actuación concreta en el aula. Todo ello se relaciona. Y todo ello forma un todo armónico.

Deseamos, además, que este libro sea una guía abierta, flexible, coherente y multifacética, que pone al maestro en el centro. Y nos sugiere pintar el cuadro de nuestra aula desde las seis dimensiones de las que partimos; porque somos conscientes de que nos hemos transformado en seres policromáticos, donde cada persona aporta su color desde las dimensiones de su aula y desde su propia experiencia.

Todos los colores tienen cabida en nuestra paleta de pintor, porque el enfoque se ha ido gestando con el empuje del grupo promotor, el refrendo motivador de expertos en educación y el apoyo de muchas personas que sienten que nuestra idea tiene sentido y merece la pena que sea plasmada en un lienzo.

El enfoque integrado es esencial para la educación porque aporta un óleo de coherencia, un barniz de ayuda y escucha mutua entre y para la docencia.

Gracias por impulsarlo, por hacerlo realidad, por llenar ese claroscuro de motivación y buen hacer con nuestro humilde pincel. Y gracias a ti, por leerlo, porque tú también enriqueces con tus colores este enfoque integrador y policromático.

LAS AUTORAS

1. Las seis dimensiones educativas del ser humano

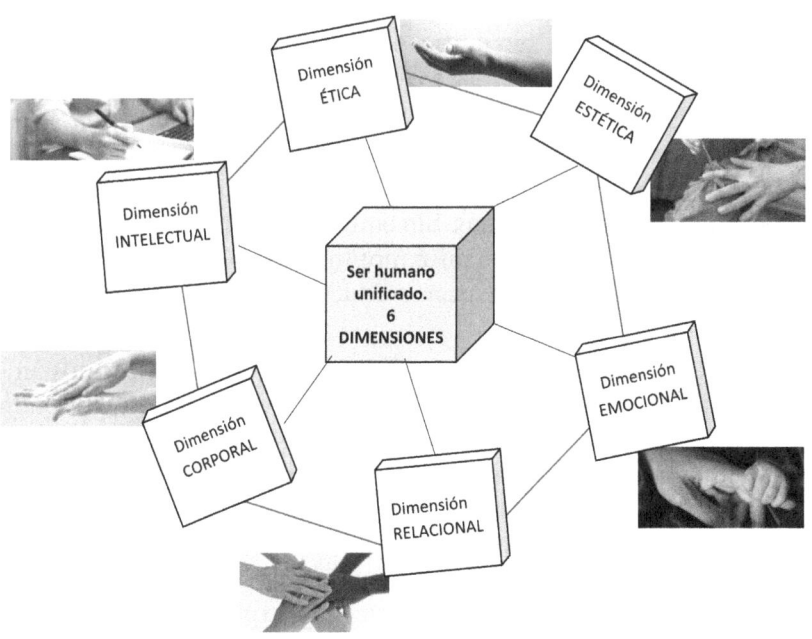

PUNTO DE PARTIDA

Las "seis dimensiones educativas" de las que parte nuestro planteamiento son fruto de un estudio serio y madurado durante tiempo y de un debate reflexivo sobre quién es el educando. Además, muchas personas del campo educativo y docentes han aportado su opinión y sus ideas. Este proceso de maduración hace que el capítulo que presentamos adquiera validez, que sirva como fundamento para la educación que deseamos.

Lo primero que nos preguntamos es: ¿quién es el ser humano sujeto de educación? Sin esa pregunta no estaremos poniendo a la persona en el centro por mucha metodología innovadora que promulguemos, pues solo a partir de la respuesta que demos se puede establecer todo lo demás. Cualquier actuación educativa y pedagógica que se lleve a la práctica será fruto de este fundamento.

La persona es un ser unificado. Y un aspecto influye en otro irremisiblemente. Por eso, para que haya un desarrollo completo y armónico se necesita una educación holística que contemple quién es la persona del educando en su totalidad.

Afirmamos que ninguna dimensión de la persona se desarrolla adecuadamente sin las demás. Sin embargo, analizando por separado cada una, obtendremos un panorama completo y no caeremos en el error de descuidar aspectos educativos que entendemos son fundamentales.

Hemos optado por enunciar las ideas que consideramos imprescindibles en cada una de las seis dimensiones educativas siendo conscientes de que todas ellas podrían dar lugar a un desarrollo y profundización mucho mayor. Nuestra intención es que así sea y que estos enunciados proporcionen un deseo de continuar ahondando en estos aspectos tan fundamentales para la educación. También enumeramos para cada dimensión algunas de las muchas acciones que estarían relacionadas con el planteamiento expuesto y que consideramos bastante indicativas para conocer hasta qué punto estamos teniéndolas en cuenta en la práctica.

El "enfoque integrado" se caracteriza, ante todo, por la coherencia entre los planteamientos educativos más generales y la actuación en el aula, lo que garantiza una solidez en los diferentes niveles y una educación siempre actualizada. A continuación, describimos cada una de estas seis dimensiones.

1. La dimensión Ética

La dimensión ética guía y orienta la conducta de la persona y le permite tomar conciencia de lo que está bien o está mal. Desde su libertad personal, le hace valorar aquellos hábitos de conducta que le ayudan a actuar y orientar su vida hacia el bien. Es una libertad consciente que le permite saber que aquello que elije tiene consecuencias.

Esta dimensión forma al ser humano en principios morales, en la responsabilidad de sus actos, en la proyección a la comunidad, en la construcción de una sana convivencia familiar y social para alcanzar una cultura de paz, amor, tolerancia y respeto que contribuya a mejorar la realidad.

El ser humano tiene aspiraciones milenarias de transcendencia que se traducen en el desarrollo de una vida interior que alimente su espíritu. La dimensión ética le muestra un camino lleno de esperanza y le anima, bajo ese prisma, a vivir desde el amor y la fraternidad para su realización personal. Vivir éticamente se traduce en vivir las virtudes morales que conducen a la solidaridad y la responsabilidad, desde una visión compleja, crítica y realista de la realidad en la que vivimos. Una visión llena esperanza y fortaleza, con una mirada de amor hacia los demás.

Se parte de una mirada compasiva hacia la realidad global y a los problemas de nuestro mundo, y de un entrenamiento interiorizado en virtudes morales, como la prudencia y la fortaleza que enseñan a persistir en la búsqueda del bien y a actuar consecuentemente. En esa mirada, deberán confluir todos los agentes educativos, familia y escuela, haciendo causa común para que el educando avance moralmente.

La dimensión ética coopera a conformar personas libres y verdaderas capaces de pensar, dictaminar y hallar el sentido de su vida. Por eso, actuar moralmente no es nunca seguir un manual de normas para aprender a vivir según unas reglas específicas. Las normas se establecen para ayudar a la convivencia y, por esa razón, hay que acatarlas ya que son un acto de relación positiva que busca el bien común. Las normas son siempre imperfectas, sobre todo, porque la mayoría de ellas se establecen para una circunstancia específica que puede cambiar. Por eso, en la infancia y adolescencia –con características propias de cada edad de crecimiento– es necesaria la reflexión y el diálogo para entender la norma como tal y ayudar a que la persona la considere positiva para la convivencia,

Por muy importante que parezca una norma, ninguna puede ir contra la dignidad del individuo ni considerarse como algo absoluto, porque lo primordial es la realización personal y social.

La dimensión ética en educación va mucho más allá de lo que llamamos "educación en valores". Es una tendencia hacia el bien, siempre imperfecta, pero desde la verdad. Es una búsqueda de una coherencia entre los planteamientos educativos éticos y la vivencia de una moral reflejada hasta en las acciones más cotidianas.

Aspectos que promueven la dimensión ÉTICA en la práctica educativa

- *Huir siempre de la superficialidad* en los planteamientos y en el actuar, a todos los niveles.

- *Contemplación de nuestro mundo*, sus realizaciones y sus problemas desde una mirada compasiva, que invite a la acción comprometida de una manera conjunta e interdisciplinar.

- *Presentar y suscitar una mirada transcendente* desde diferentes planos y ayudar a descubrir lo que supone la riqueza de una vida interior, que alimenta nuestro espíritu y nos da fuerza y esperanza.

- *Proceso de reflexión crítica y estudio activo* sobre la realidad del mundo durante el trabajo ordinario programado, lo que llevará al alumnado a desear realizar acciones comprometidas socialmente.
- *Reflexión y desarrollo de la capacidad crítica,* individualmente y en grupo, utilizando técnicas diversas, como dilemas morales, que ayuden a discernir las actuaciones que tienden hacia el bien.
- *Acompañamiento respetuoso en el crecimiento moral* de cada estudiante. Espacios de diálogo.
- *Conocimiento y valoración de instituciones y personas* que, en el presente o en el pasado, proclamen y den testimonio de un compromiso ético y moral (estudio, entrevistas, lecturas, películas...)
- *Fomentar un ambiente libre* y verdadero en el centro edcativo para que la ayuda generosa sea una tendencia.
- *Coherencia con los planteamientos éticos* que deseamos transmitir. Valoración de lo que supone vivir moralmente.
- *Humildad para reconocer nuestros fallos* y deseo de avanzar éticamente.

2. La dimensión Estética

La dimensión estética se puede definir como la capacidad del ser humano para poder apreciar y responder emocionalmente a la belleza de las creaciones humanas y del ambiente natural. La educación en la dimensión estética permite valorar, reconocer y apreciar la belleza y capacita al individuo para contribuir personalmente a su desarrollo desde su sensibilidad y la expresión de su mundo interior. Para que esto se produzca, se necesita una formación en la contemplación y en la admiración de todo lo bello a lo largo de todo el proceso educativo.

Integrada con los demás saberes, pero nunca diluida ni considerada en un segundo plano, la estética es clave para el desarrollo personal. Es la respuesta que fomenta la libertad del individuo. Se relaciona con el aprendizaje desde el interior de la verdad y de la bondad. La estética, así entendida, contribuye al bien en el mundo.

La estética se expresa por medio de lenguajes artísticos que admiramos y creamos personalmente. A través de ellos, se desarrollan valores como la autoestima, las emociones, el placer y la creatividad que se relacionan estrechamente con la paz y la armonía.

Las formas con la que se expresa esta dimensión son muy ricas y diversas. En los últimos años se ha incorporado el uso de las tecnologías a los diferentes lenguajes artísticos. Sin embargo, la utilización de estas herramientas tan poderosas puede, en ocasiones, deslumbrarnos, lo que podría mermar la capacidad estética tal y como se ha definido. Por otro lado, el ser humano puede potenciar su capacidad de expresión si sabe incorporar estos nuevos medios desde una verdad creativa.

Son variados los aspectos que contribuyen a esta educación. Por eso, solo se mencionan aquellos de los que no se puede prescindir en la educación formal dado que su presencia influye notablemente en su desarrollo.

Aspectos que promueven la dimensión ESTÉTICA en la práctica educativa

- *Ambientación del espacio escolar. Las* aulas y demás dependencias reflejarán, lo más posible, esta dimensión.

- *Valoración y conocimiento de manifestaciones artísticas* a través de la contemplación. Se promueven visitas a museos y exposiciones, asistencia a conciertos, teatro, cine… de forma virtual y presencial.

- *Reconocimiento de la dimensión estética en la naturaleza y el paisaje.* Se procura distintos espacios con plantas naturales y salidas para contemplar la belleza del paisaje al aire libre y, también, se visionan otros muchos a través de imágenes.
- *Conocimiento de los diferentes medios que están a nuestro alcance,* en la actualidad, y que nos ayudan a expresarnos estéticamente. Valorar cómo se ha potenciado la producción artística.
- *Iniciación en diferentes tipos de expresión artística* de manera personal y creativa: artes plásticas, música, artes escénicas, literatura, artesanía, diseño, cine…
- *Conexión de la dimensión estética* en el aprendizaje de otras disciplinas (enfoque interdisciplinar).
- *Cuidado, valoración y presencia estética,* en cualquier tipo de actividad, a la hora de elegir imágenes, fragmentos musicales, ilustraciones…, procurando que muestren una armonía con la actividad propuesta y que la realización sea esmerada.
- *Favorecer y guiar las producciones de los estudiantes* animándolos a que sean personales y reflejen libremente su mundo interior; y, a la vez, a que sean capaces de valorar críticamente su calidad estética.
- *Interiorización y sensibilización personal y de grupo* sobre la repercusión de la belleza en la mejora del mundo.
- *Análisis y valoración del estado de esta dimensión en la* comunidad escolar para avanzar en ella.

3. La dimensión Emocional

La dimensión emocional es inherente al ser humano y le posibilita para sentir. Las emociones son fenómenos multidimensionales y todas ellas cumplen una función para la mejor adecuación del individuo al medio ambiente. Sin ellas no podríamos sobrevivir. Las emociones son fuente primordial de experiencia y proporcionan un valor determinado a cada momento.

Sentir es lo primero que nos hace actuar. Antes de pensar, sentimos emoción. Por eso, esta dimensión es primordial en el proceso de desarrollo educativo de cada persona. Los sentimientos son la experiencia consciente de una determinada emoción. Reconocer y manejar nuestras emociones nos ayuda a que nuestros sentimientos hacia nosotros mismos, hacia los demás y hacia nuestro entorno superen nuestro ego y se transformen en algo beneficioso en nuestra vida, algo que interactúe y actúe tendiendo hacia el bien.

Por tanto, no se trata de reprimir nuestras emociones sino de conocerlas, dialogar con ellas, encauzarlas y transformarlas en algo positivo. Por ejemplo: el miedo puede hacer que descubras tus debilidades, pero también tus fortalezas, la furia se transformará en energía activa... Y así también con las otras emociones.

Es evidente que tanto los docentes como los estudiantes ya llegan al aula con una emocionalidad previa derivada de sus contextos personales y de su situación concreta del momento. Por eso, es primordial ser conscientes de esta realidad emocional educativamente. Asimismo, está demostrado que la capacidad para gestionar las propias emociones está directamente relacionada con el desempeño académico.

Además, actualmente los neurólogos coinciden en que no puede haber aprendizaje sin emoción. No hay razón sin emoción. Por eso, intentar suscitar la emoción en el aprendiz sobre el objeto de aprendizaje es tarea obligada en el docente a la hora de enseñar.

Cualquier dinámica que se proponga en el aula generará emociones diversas en el alumnado, según sus gustos, sus momentos vivenciales, sus experiencias previas, su realidad.... Pero en la intención del docente debe estar muy presente el objetivo de aprendizaje que se persigue en ese momento, puesto que una emoción intensa, pero sin relación con ese objetivo no hará sino perjudicarle y distraerle en el proceso. Además, es crucial procurar conseguir un estado anímico equilibrado (arousal) entre dos extremos; el aburrimiento y la euforia, pues ambas emociones extremas son negativas para que se produzca un buen aprendizaje.

Los expertos coinciden en que el empleo de metodologías activas genera un ambiente de interrelación en el aula que favorece un estado emocional motivador hacia el aprendizaje. Sin motivación no es posible aprender y la motivación se suscita en el momento en que el docente sitúa al alumno como protagonista del proceso enseñanza-aprendizaje y le enseña a mirar la realidad con emoción.

Aspectos que promueven la dimensión EMOCIONAL en la práctica educativa

- *Conocimiento práctico de la importancia de las emociones* y su repercusión en el aprendizaje por parte del profesorado. Estudio de las investigaciones realizadas por los distintos expertos.

- *Proceso de formación en la identificación y gestión de las emociones* a lo largo de todas las etapas educativas

- *Conciencia de la influencia de las emociones en el aprendizaje* y de los sentimientos, tanto positivos como negativos, que se generan mediante la interacción en el aula.

- *Cercanía y diálogo del docente con cada* estudiante para ayudarle en su proceso emocional.

- *Estudio, aplicación y actualización de metodologías activas en el aula* como medio importante para educar emocionalmente.

- *Revisión permanente del estado de esta dimensión* para poner los medios necesarios que garanticen su presencia óptima

- *Diálogo permanente entre los distintos docentes* de cada grupo para valorar el bienestar emocional del alumnado y avanzar en este aspecto conjuntamente.

- *Compromiso del docente con el desarrollo de la persona y* colaboración con las familias y otros miembros de la comunidad educativa.

4. La dimensión Relacional

La dimensión relacional muestra a la persona como un ser en continua relación consigo mismo, con los demás y con su entorno. Esta dimensión parte de su capacidad para una comunicación interpersonal que le configura como ser humano y le posibilita su crecimiento y realización plena. La apertura al mundo y a los demás es algo consustancial en su vida. Es un dinamismo que le empuja a una interacción continuada y a una interdependencia con los demás seres.

Cada persona ES ante otros. Se relaciona y se distingue de ellos. Es un ser único, con unas características irrepetibles. Y como ser libre que busca el bien, llega a entender que en la realización de los demás está su propia realización y muestra deseos de donación. Pero este ser es limitado y avanzar en una interdependencia positiva y una comunicación verdadera no es fácil. El YO frente al TÚ requiere de una seguridad en sí mismo y de un dinamismo amoroso. Y, frecuentemente, el YO se encuentra inseguro y amenazado en su relación con el TÚ lo que le puede transformar en un ser egoísta, temeroso, agresivo y dominante que reclama sus derechos al querer reafirmarse, a veces, hasta lo irracional. Por un lado, la dignidad personal es primordial y la comunicación es difícil, y, por otro, nada proporciona una felicidad mayor al ser humano que el conseguir una relación amorosa verdadera a cualquier nivel: amistad, pareja, familia….

En esta dinámica nos movemos habitualmente todas las personas con distinta intensidad según diferentes momentos de la vida y proceso de crecimiento. Y, para avanzar positivamente necesitamos inteligencia y amor.

Así pues, el buscar el amor verdadero es un camino de descubrimiento en la vida de aquellos que han visto dónde está su sentido. La generosidad y el bien se vuelven una vía atrayente. Y, aunque a menudo, dolorosa y costosa de transitar, merece la pena para vivir una vida plena con esperanza y llegar a ser felices.

Aprender a relacionarse a todos los niveles y con un sentido ético y amoroso, donde el respeto y la valoración de uno mismo y de los demás sea un elemento primordial, es una tarea que no puede soslayar la escuela. Así pues, el ambiente relacional de un centro, el deseo de mejorar en este sentido y la ayuda mutua entre los componentes de la comunidad educativa no es algo secundario.

Además, todo aprendizaje es dialógico. La educación se basa en la interacción entre dos personas: el educador y el educando. Es, a través de la comunicación, que la persona del educador enseña al educando y le suscita deseos de aprender y desarrollarse personalmente, y, a la vez, le invita a tomar conciencia de que pertenece a la comunidad humana. Por eso, un buen educador promueve la interacción en el aula entre todos sus integrantes. Cuanto más rica y más profunda sea esa dinámica interactiva que guie al educador, más aprenderán y mejor alcanzarán los objetivos. Al mismo tiempo, a través de la competición sana y la colaboración, los estudiantes potenciarán sus cualidades personales y desarrollarán su conciencia comunitaria. Para ello, la persona del educador, su preparación y coherencia, es clave en el aprendizaje y el crecimiento personal y social de cada individuo.

Aspectos que promueven la dimensión RELACIONAL en la práctica educativa

- *Formación del profesorado*, coherencia desde los planteamientos educativos a la actuación en el aula.
- *Convivencia positiva* entre los miembros de la comunidad educativa.
- *Ayuda al estudiante* para que se encuentre seguro y descubra que es un ser único.
- *Conciencia de comunidad*, de que todos formamos en esta dimensión con nuestra actuación cotidiana.
- *Valoración del trabajo cooperativo* a todos los niveles. Práctica de una competición sana.

- *Conocimiento de psicología relacional* en y para los diferentes niveles y en los diferentes ámbitos.
- *Capacidad crítica y valoración de nuestra relación personal* con la sociedad y el entorno, de manera presencial y a través de diferentes medios de comunicación, redes sociales...
- *Reflexión personal y conciencia de las limitaciones* que tenemos cada persona en nuestras relaciones.

5. La dimensión Corporal

La dimensión corporal tiene que ver con el propio cuerpo en términos estructurales, el cual podemos definir como el instrumento físico que posee cada ser humano capaz de ejecutar acciones, crear contacto con el ambiente y entrar en relación con los demás. Para esta dimensión educativa, lo primero que hay que tener en cuenta es que captamos el mundo mediante los cinco sentidos y el aprendizaje se produce a través de ellos.

Otros ámbitos de la persona que debemos considerar son la salud física y la salud mental. Aspectos que influyen en una salud física son la alimentación y la nutrición, el cuidado del cuerpo, la gestión del estrés, de la ansiedad y del dolor y la actividad física y deportiva.

En cuanto a la salud mental sabemos que puede afectar la manera de pensar, el humor y el comportamiento. Por eso, se deben detectar los trastornos mentales y fomentar unos hábitos y relaciones saludables. Cuerpo, mente y espíritu están íntimamente relacionados.

Del mismo modo, es importante la visión que cada persona tiene de su cuerpo y cómo se relaciona con él y a través de él con las demás personas; así como su sexualidad. En este sentido, el color de la piel, el origen étnico, los rasgos físicos, las dimensiones del cuerpo, el reconocimiento sexual... influyen en el desarrollo de la persona como un todo.

Para todo ello, saber escuchar al propio cuerpo, saber leer las señales de las reacciones químicas de las emociones en el mismo, afrontar saludablemente su dolor y sus limitaciones, respetarlo y fluir con él, facilitarán dar respuestas a sus necesidades.

Con respecto a nuestros estudiantes, también debemos considerar la importancia del desarrollo de los cinco sentidos en las diversas edades, así como, la diversidad funcional existente en nuestras aulas y ser conscientes de las disfunciones sensoriales, motóricas y trastornos mentales que se puedan presentar. El equilibrio corporal influye decisivamente en el éxito académico; el docente debe tenerlo en consideración a la hora de llevar a cabo su labor educativa.

Aspectos que promueven la dimensión CORPORAL en la práctica educativa

- *Ser conscientes de la importancia de esta dimensión* a la hora de programar todas las materias, estimulando los cinco sentidos y ejercitando el cuerpo como se crea más conveniente, para conseguir un mejor aprendizaje.

- *Fomentar la actividad física*, el deporte y las salidas a espacios naturales.

- *Conocer el estado de salud de nuestros estudiantes* y asumir sus enfermedades y limitaciones físicas y mentales buscando entre el profesorado implicado la mejor forma de actuar.

- *Crear un fluir en el aula* proponiendo un trabajo que, aunque riguroso y responsable, se aleje del estrés.

- *Ser conscientes de que nuestra comunicación corporal*, verbal y no verbal, influye en el aprendizaje notablemente.

- *Educar en asumir el dolor*, la debilidad y la finitud propia del cuerpo humano y, al mismo tiempo, enseñar a cuidar de él con hábitos saludables.

- *Fomentar el respeto hacia el propio cuerpo y hacia el de los demás*, teniendo en cuenta las diferencias.
- *Conocer y actuar según los avances de la neurociencia y la medicina.*

6. La dimensión Intelectual

La dimensión intelectual se refiere a la capacidad del ser humano de conocer y ahondar en la realidad mediante la curiosidad, el estudio y la estimulación de la mente. Esta profundización a través de la razón, parte del conocimiento alcanzado en los diferentes campos del saber y del rigor científico de cada una de las disciplinas. La comprensión intelectual y la adquisición progresiva de esos saberes, posibilita a la persona para desarrollar su talento y su creatividad, y la capacita para contribuir, con ello, a la mejora y avance de la humanidad.

En este aspecto, la dimensión intelectual requiere, por un lado, una mirada especializada, rigurosa y atenta hacia el asunto que nos proponemos conocer y, por otro, una visión global y compleja de la realidad que va más allá del objeto en estudio de ese momento y lo enmarca en el lugar que le corresponde para su adecuada comprensión.

Es indudable que el conocimiento de las distintas disciplinas debe ir asociado al conocimiento sobre cómo se aprende y se enseña cada materia y sobre las etapas madurativas de los alumnos. De ahí la importancia del conocimiento pedagógico del contenido. La interdisciplinariedad es una visión obligada para que avance el conocimiento y se profundice en las disciplinas; todo está relacionado en una complejidad que nos mostrará la verdadera dimensión intelectual.

A través de la interacción con nuestro mundo y con los demás es cómo desarrollamos nuestros talentos y se produce el aprendizaje. Es más, no todas las personas tienen las mismas capacidades intelectuales, pero cualquier individuo puede potenciarlas por medio de dicha interacción, a veces, hasta metas insospechadas.

Los últimos estudios en neurociencia y otras investigaciones prestigiosas en el campo educativo muestran el camino para una interiorización y asimilación personal del conocimiento y un mejor desarrollo de esta dimensión.

Sabemos también que, tanto los tipos de inteligencia como las operaciones mentales son diversos, lo que nos proporciona una panorámica amplia de aspectos a considerar para el desarrollo de nuestro talento intelectual. En este sentido, la clasificación de las operaciones mentales según la taxonomía de Bloom (recordar, comprender, aplicar, analizar, evaluar y crear), ofrece una reflexión e información valiosa y nos invita considerar la importancia tanto de las operaciones mentales de rango inferior como las del rango superior.

Aspectos que promueven la dimensión INTELECTUAL en la práctica educativa

- *Despertar la curiosidad,* la valoración del rigor científico, el amor al estudio y el deseo de conocimiento, teniendo en cuenta las estrategias que los expertos (investigadores, estudiosos y pedagogos) proponen adaptándolas a cada situación.

- *Departamentos didácticos* que profundicen en el conocimiento de la disciplina correspondiente con una fundamentación científica y que aseguren el rigor en los contenidos que propone para cada materia...

- *Espacios de tiempo para el trabajo por áreas y por etapas* donde se diseñen proyectos interdisciplinares y se comparta conocimiento, potenciando, así, la dimensión intelectual a través de la interrelación de todas las disciplinas. Ambiente donde se valore el saber.

- *Conocimiento de las capacidades intelectuales de cada alumno.* Exigencia y estímulo a partir de ellas trazando un plan de acción para conseguir que todos los estudiantes progresen desde su zona de desarrollo próximo. Considerar el error como parte del proceso para mejorar.

- *Diseño de una evaluación* donde tanto las operaciones mentales de orden inferior (recordar, comprender, aplicar) como las de orden superior (analizar, valorar y crear) se valoren. Evaluación vinculada estrechamente con los objetivos de aprendizaje como metas y al proceso.

- *Considerar la interacción en al aula como elemento totalmente vinculado al desarrollo intelectual.* Cuidar el trabajo en equipo, la relación profesor-alumno, la ayuda mutua en el trabajo, el debate...

- *Valoración de la lectura,* conferencias y entrevistas con expertos que motiven las ganas de saber.

- *Formación del profesorado* en lo que supone realmente la dimensión intelectual.

2. Los cuatro principios didácticos

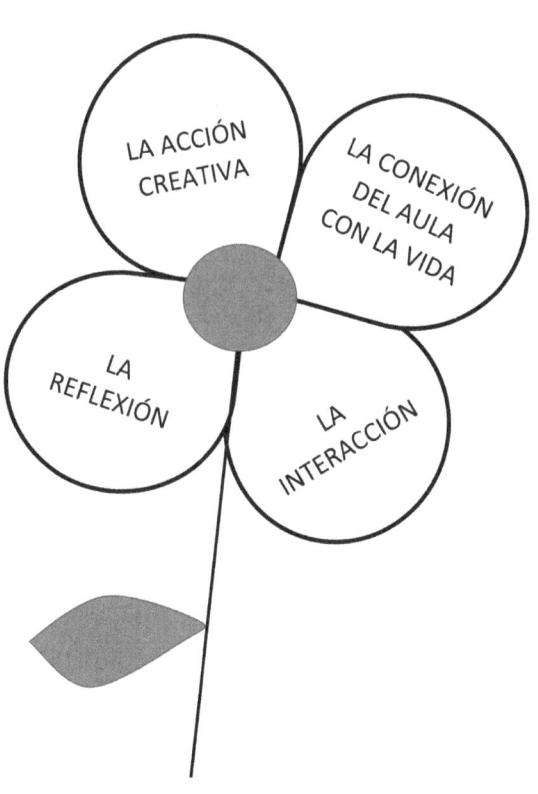

LOS CUATRO PRINCIPIOS DIDÁCTICOS

Los cuatro principios didácticos que se presentan a continuación: la *conexión del aula con la vida*, la *interacción*, la *reflexión* y la *acción creativa* son herederos de un pensamiento educativo innovador, fruto de años de reflexión y experiencia de muchas personas profesionales docentes que, desde realidades educativas diversas, los han considerado valiosos. Estos principios se han consolidado como elementos fundamentales a lo largo de varias décadas y han llegado hasta este momento demostrando su validez, tanto en su teoría como en su aplicación práctica. Por esa razón, son piezas clave para la coherencia y el buen "sonido" de la educación que se desea proclamar.

En este capítulo se pretende exponer en qué consisten y qué aspectos son fundamentales didácticamente. Todo el enfoque metodológico y la actuación en el aula que se desarrolla en capítulos posteriores, se basan en estos cuatro principios. Por eso, se trata de fundamentar y clarificar a qué nos referimos para que nos sirvan de guía y contraste.

Por último, recordar que, en el enfoque integrado que presentamos, cada uno de los elementos repercute en el otro y todos son complementarios. Por eso, en la exposición de cada uno de los principios didácticos solo se subraya lo fundamental del mismo de manera concisa y concreta y, aunque se comprende cada uno por separado, se enriquece y complementa con los elementos que muestran los demás. Todo ello hace de los cuatro un conjunto coherente y armónico.

1. La conexión del aula con la vida

La mirada de la acción educativa se dirige hacia la realidad que la rodea. En un primer momento, hacia cada estudiante y el grupo clase, pero inmediatamente rompe las paredes de las aulas y del centro educativo para interesarse por lo que ocurre en un entorno y en el mundo. Es una mirada llena de curiosidad, interés y compromiso.

© narcea, s.a. de ediciones

Primeramente, se suscita una curiosidad necesaria para que el estudiante aprenda, y esa curiosidad, inherente a cualquier persona, se despertará cuando el docente le enseñe a mirar la realidad que se le presenta.

La realidad es compleja y el docente es consciente de ello. Por eso, el docente no la muestra simplificada sino de manera integrada. Es esa integración de los elementos la que provoca que el interés y la curiosidad del estudiante aumenten. Se presenta con diferentes aspectos que la hacen rica y bella en su totalidad, aunque también imperfecta. Educar en el asombro al mirar la realidad es primordial para sentir curiosidad y querer aprender.

El interés se despierta a través de la emoción que causa el mismo objeto del aprendizaje y el sentirte implicado como sujeto activo. El aprendizaje no será algo ajeno al estudiante porque él mismo es parte de esa realidad que va a aprender. Y de ahí surge su interés por el conocimiento. Desea conocer más porque lo que está aprendiendo habla de su misma vida.

Además, en este proceso, si la conexión del aula con la vida se da adecuadamente, surge la idea del compromiso, porque, a través de esa mirada, el estudiante se siente implicado en la realidad que se le presenta. Una realidad siempre susceptible de mejora, ya que el mundo no es algo acabado, sino que cualquier individuo puede aportar activamente y contribuir a mejorarlo personalmente.

La acción educativa conecta en este momento con las seis dimensiones educativas del ser humano, expuestas en el capítulo primero. Si se conecta el aula con la vida, con la profundidad requerida, el estudiante será capaz de un compromiso personal y social.

Sin embargo, nos preguntamos: ¿cómo se traduce este principio en la práctica? La coherencia de este enfoque nos da la respuesta y la experiencia lo avala. Cualquier hecho, cualquier lugar, cualquier personaje histórico o de ficción, cualquier paisaje o cualquier situación pueden convertirse en el foco de atención del que partir para contemplar la realidad, siempre que sea susceptible de despertar la curiosidad, el interés y el compromiso. Es el educador el que decide en función de la riqueza que puede aportar a un determinado grupo de estudiantes. La apertura de mente y la flexibilidad juegan un papel muy importante. El docente debe sentirse satisfecho con su elección. Da lo mismo que la realidad elegida sea cercana y conocida, por ejemplo, "Nuestra ciudad" o "Los alimentos"; o que sea totalmente desconocida para ellos, "Peer Gynt" o "Chagall". Los motivos de su elección están claros. A su entender, el tema suscitará interés, curiosidad, motivación y compromiso.

2. La interacción

La paz es la actitud del corazón amoroso que siempre
prevalece por encima de cualquier circunstancia.
Esta paz es la finalidad en el tipo de interacción al que aspiramos.
SUBIRANA, 2024

Relación educador-educando

El principio didáctico de la interacción parte de una relación personal que acontece en el acto de educar. La comunicación entre el educador y el educando es la base, y la empatía entre ambos facilitará el proceso de enseñanza-aprendizaje. Es cierto que el rol del maestro y el rol del discípulo son diferentes, pero ambos roles se ejercerán desde la confianza, la valoración y el respeto mutuo

Sabemos que, en bastantes ocasiones, esta empatía no es algo que surja de manera natural y, sin embargo, es imprescindible. Por tanto, si el docente ama su profesión, lo primero será mirar a ese niño, niña o joven al que quiere educar y conocerlo individualmente, con sus circunstancias personales, familiares y sociales, para poder ofrecerle la ayuda adecuada. Es entonces, cuando el docente propone, guía, estimula, corrige, dialoga… y el estudiante va aprendiendo según esas pautas y se esforzará por avanzar desde su propio proceso personal.

A través de este seguimiento personalizado, el docente conoce lo que el estudiante requiere en ese momento para poder así atender a la diversidad de cada uno. Por tanto, este principio requiere de un conocimiento personal del alumnado unido a unas competencias docentes de diversas categorías, tal y como se describen más adelante.

Relación en el grupo-clase

La interacción como principio didáctico, no se refiere solamente a la relación del estudiante con el docente, sino que contempla las relaciones grupales. El hecho de que el aula está constituida por un número determinado de personas, dentro de unos parámetros y un contexto concreto condiciona todo el proceso. Por tanto, es indispensable que la empatía y la ayuda, a la que nos hemos referido, tenga en cuenta al grupo-clase; y que se propicie un nuevo afecto y valoración de unos con otros.

Es difícil crear un clima en el aula de verdadera ayuda, pero es algo esencial. Es tal su importancia, que este tema aparece reiteradamente en otros capítulos de este libro, tanto a nivel de pensamiento (ver capítulo 1), como de estrategias que ejemplifican dinámicas interactivas e inclusivas (ver capítulo 8). Asimismo, las experiencias de aula, expuestas en el capítulo 9, muestran cómo llevar a cabo un trabajo cooperativo.

Sin embargo, la ayuda mutua en el aula no es fácil en la práctica. Con frecuencia, aparecen elementos tales como la envidia, el individualismo, el querer sobresalir y dominar, el desprecio, la mentira, el recelo… Por eso, el docente, consciente de ello, propone una serie de medidas y dinámicas, según cada situación, encaminadas a mejorar las relaciones, a conseguir avanzar en las actividades propuestas y a alcanzar los objetivos señalados para cada momento.

Es evidente que la competición que generalmente surge entre los miembros de un grupo ante un reto, tarea, juego o desafío es algo positivo en un principio, pues incentiva el esfuerzo del individuo, pone a prueba su afán de superación y estimula los talentos personales.

Podemos decir que el ser competitivo es algo innato y positivo, pero nunca desde la arrogancia. La verdadera humildad nos muestra que cada persona es diferente y que todos podemos superarnos. Hay que desarrollar la astucia y ser sagaces, pero siempre desde el bien.

Sentido de pertenencia y de amistad

Es importante que cada estudiante se sienta incluido en la tarea y con sentido de pertenencia al grupo. La ayuda, entonces, se vuelve colaborativa y compasiva. Una mirada así descubre las cualidades de los demás y también sus carencias, y piensa en soluciones para que cada persona se supere y avance. Cuando el docente detecta una dificultad concreta en alguno de sus estudiantes, siente que necesita del grupo para solventarla e involucra al resto de la clase en un desafío común, teniendo en cuenta lo que cada uno pueda aportar en él. Entonces, el esfuerzo por ayudar al otro a superar sus dificultades y realizar la tarea se considerará como un logro no solo personal sino también grupal.

Este tipo de interacción enseña a mirar más allá de uno mismo. Por esa razón, los logros, individuales y colectivos, se celebran habitualmente en un ambiente de amistad y alegría, lo que enriquece notablemente a cada individuo, pues desarrolla un afecto personal en el trato tan importante durante la infancia y la juventud.

Relaciones más allá del aula

A ello contribuye también el ambiente informal que se crea, fuera de la clase, en los tiempos de recreo, juego, entradas y salidas... Fomentar un ambiente amigable en el centro educativo es esencial para que este principio sea efectivo. No es responsabilidad exclusiva de la dirección, de jefatura de estudios, de los tutores concretos, o del departamento de orientación, sino que cualquier docente puede siempre contribuir, en su medida, a crear ese ambiente y mostrar con ello una coherencia que dé valor a su actuación con los estudiantes.

Es evidente que la interacción según este enfoque va más allá de las paredes del aula, como se expresa en el primer principio didáctico.

© narcea, s.a. de ediciones

Es un diálogo abierto con el mundo. Pero esa interacción compasiva y amorosa solo se logra partiendo de la relación con lo cercano. Desde ahí podremos ensanchar nuestra mirada y conectar con la vida en toda su extensión para relacionarnos con ella de forma amorosa, aunque realista, y crecer como individuos, por medio de la interiorización personal.

Somos conscientes de nuestras deficiencias y del dolor de nuestro mundo, pero la educación en este tipo de interacción puede convertirnos en personas que desean la paz y trabajan por ella a pesar de las diferentes situaciones que se nos presenten. Pues, "el corazón amoroso siempre prevalece por encima de cualquier circunstancia".

3. La reflexión

Estar en babia también es bueno (…). Al parecer, cuando un alumno se queda ensimismado, se activan en su cerebro las zonas encargadas de resolver problemas más complejos.

IBARROLA, 2015 p. 220

La importancia de la "reflexión" en la didáctica es innegable, sin embargo, muchas veces se considera algo tan obvio que no se analiza suficientemente en qué consiste, su razón de ser, o cómo introducirla con éxito a lo largo del proceso de enseñanza-aprendizaje. Y hasta, a veces, omitimos programar las estrategias y los tiempos oportunos para reflexionar, porque deseamos ser rápidos y resolutivos cuanto antes. A menudo, se considera que el tiempo para pensar no es "rentable".

Afortunadamente, los estudios basados en la neurociencia de los últimos años ilustran cómo funciona nuestro cerebro y la importancia que tienen las diversas formas de reflexión en su desarrollo. La literatura sobre el tema es extensa y los expertos han demostrado toda su importancia a través de la investigación y el estudio. Por eso, en la selección bibliográfica que figura al final del libro reseñamos los autores que han resultado más relevantes para fundamentar nuestro trabajo. Así pues, nos centraremos solo en los siguientes aspectos, para abordar el principio de "la reflexión" orientando su didáctica:

cómo se aprende; el fluir en el aula; la capacidad crítica, y la contemplación.

Cómo se aprende

Se dice que se aprende por la interacción, pero lo cierto es que el aprendizaje no se produce hasta que haya un proceso de interiorización personal del objeto sobre el que se ha interaccionado. Por tanto, el principio didáctico de la reflexión conecta directamente con el proceso de enseñanza-aprendizaje. "El dialogo nos obliga a evocar nuestras ideas, a contrastarlas y conectarlas con nuevas ideas. También nos obliga a reflexionar sobre ellas y darles sentido" (Ruiz, 2020, p. 204). Esta interiorización requiere de una intencionalidad en la didáctica, que planificará momentos concretos y diversos para facilitar que ocurra. El estudiante tiene que "apropiarse" del nuevo conocimiento a través de un proceso personal que conecte con sus experiencias y conocimientos propios.

El fluir en el aula

Los momentos de reflexión van integrados en todo el proceso de enseñanza-aprendizaje. Es el fluir en el aula lo que genera un dinamismo, a veces costoso, que proporciona la motivación necesaria con un equilibrio entre los desafíos y las habilidades. Este canal de flujo posibilita una concentración en la actividad que nos lleva a disfrutar de lo que hacemos y a que el pensamiento nos conduzca a una actividad más creadora. "Este aspecto dinámico explica por qué las actividades de flujo conducen al crecimiento y al descubrimiento" (Csikszentmihaly, 2020, p. 121). Todo fluye porque se ha interiorizado un pensamiento y se intenta conseguir lo que agrada al individuo. Entonces, el tiempo real adquiere otra dimensión y el pensamiento se unifica concentrándose en la tarea.

Para que esa fluidez se consiga es necesario tener claros los desafíos que se asumen y desear conseguir esas metas antes de comenzar la actividad. Por eso, en primer lugar, el docente presenta los objetivos de forma clara y susceptible de ser personalizados. Es una reflexión previa pero crucial para que el estudiante tenga el control y desarrolle la actividad adecuadamente. En la didáctica actual, si se desea conseguir la fluidez en el aula, se requiere de un replanteamiento en cuestiones concretas, entre otras, la distribución del tiempo en el proceso de las actividades docentes y la forma de trabajar los contenidos.

La capacidad crítica

Una mirada que no sea superficial sino reflexiva, valora las situaciones en su complejidad. El juicio crítico es siempre positivo, pero requiere de una reflexión sosegada e integradora para analizar lo que se quiere valorar. El análisis crítico puede dirigir la mirada hacia uno mismo o hacia los demás. En primer lugar, es primordial que el educador ayude a despertar la conciencia del estudiante. El descubrimiento de la entidad personal se desarrolla, primeramente, a través de la interacción, pero va seguida de una interiorización y una reflexión del individuo sobre sus propias acciones que le hace cuestionarse su conducta. La ayuda del docente es desde la libertad y respeto personal; sin embargo, busca la oportunidad y ofrece medios y estrategias para facilitar el proceso. En este sentido, hay métodos pedagógicos prestigiosos, como "la pedagogía transformadora", que, entre otras actividades, habilitan un espacio concreto en el aula adaptado para que los estudiantes reflexionen sobre sus actos.

La capacidad crítica para valorar las opiniones, las acciones y los hechos que ocurren en nuestro mundo necesita de un análisis sosegado y de una rectitud personal. Desde ahí, se promueve el contraste de opinión con los demás para llegar a un análisis más equilibrado de los hechos y coherente con los valores personales. Para ello, a lo largo de las actividades propuestas se procurará implementar técnicas diversas de reflexión en equipo y debate que promuevan un contraste de opinión valiente, que contemple la denuncia cuando sea necesaria, desde la libertad y sin arrogancia, y que busque, ante todo, un buen análisis de la realidad y la mejora de la convivencia.

La contemplación

La contemplación consiste en saber mirar lo que te rodea sosegadamente para captar más allá de lo que se ve. Es el deseo de participar en la grandeza de lo que se contempla con una relación amorosa y agradecida. Una didáctica orientada hacia la contemplación tiene en cuenta momentos y estrategias reflexivas que no solo enriquecen al individuo, sino que le posibilita para captar mejor el conocimiento. Entonces, el saber se percibe más profundamente y más integrado con otros saberes y, además, se aprecia su belleza. Abrir los sentidos y contemplar ensimismado lo que te rodea es el principio de la sabiduría. ¿Seremos capaces de valorarla y hacerla valorar?

4. La acción creativa

> *Considero indispensable recuperar el sentido divertido*
> *de la didáctica, sobre todo cuando se vuelve creadora.*
>
> CORRADINI, 2011

En el "enfoque integrado" no se concibe la enseñanza, ni el hecho de que pueda adquirirse el aprendizaje, sin la creación.

Entonces, ¿cuáles son las características de la creación a la que nos referimos aquí? Crear es, ante todo, un proceso personal y un diálogo. La didáctica de la acción creativa, según este enfoque, no se limita a que los estudiantes culminen sus proyectos con un producto final más o menos original. Se trata de mucho más. Este principio recorre todo el proceso de enseñanza-aprendizaje, conectando con las seis dimensiones educativas del ser humano (capítulo 1) y al unísono con los otros tres principios didácticos. La realidad necesita ser filtrada por el pensamiento y la interiorización, así como por la interacción y el contraste de opinión, para que, entonces, surja la creatividad.

Por eso, las actividades que se propongan permitirán un margen importante de libertad y flexibilidad para que la acción creativa sea posible desde la originalidad de cada individuo. Esta flexibilidad y libertad en la acción del estudiante, no se contraponen nunca al rigor científico. La creatividad, si es tal, siempre tiene una base sólida porque se trata de actuar para incorporar a nuestro mundo algo valioso desde la persona. Es cierto que la idea creativa surge, a menudo, sin esperarla (¡Eureka!) y que el talento puede fluir en un instante, pero sin un trabajo anterior no será posible reconocer su valía.

Generalmente, se programan diferentes actividades que invitan al estudiante a ser creativo para realizarlas. Sin embargo, es la escucha y la atención del docente preparado, lo que le hace descubrir lo valioso de la creatividad de sus estudiantes, ya que, con frecuencia, es en el devenir del trabajo diario donde suele aparecer lo verdaderamente estimable. El reconocimiento del acto creativo supondrá un avance en el proceso de aprendizaje y una motivación para continuar.

Crear belleza, descubrir algo novedoso, proponer soluciones, expresar sentimientos y deseos, o aportar ideas propias es la base para mejorar lo que nos rodea. Desde ahí, nace una felicidad que impulsa al individuo a realizarse como persona. Y, en ese proceso interior, con momentos dolorosos, descubrirá el sentido de su vida. Es a través de la acción creativa como se educa verdaderamente a cada niño, niña o joven, porque así aprenderán a valorarse como seres humanos y descubrirán quiénes son en realidad.

Es fundamental que se estimule y valore la expresión propia de cada estudiante en los diferentes campos. Para ello, a través de modelos y estrategias, se enseñarán las reglas, parámetros o normas que puedan constituir la base de las distintas maneras de expresión según cada disciplina: verbal, plástica, musical, escénica… Es un trabajo que proporciona un conocimiento sólido en sí mismo. Sin embargo, no es hasta que la persona expresa sus vivencias, sentimientos o deseos de manera propia cuando este principio se cumple. Se ha demostrado, que ninguna tecnología, incluyendo la inteligencia artificial, podrá suplantar nunca la capacidad expresiva del ser humano.

Por tanto, la expresión libre y creativa no es un plus, sino aquello que otorga valor al aprendizaje de disciplinas como la lengua o la plástica. Y lo mismo ocurre con las disciplinas que se basan en un método científico y donde el rigor es fundamental. El pensamiento creativo propone soluciones diversas a los problemas que se presenten en el área de ciencias y matemáticas.

Si queremos ser consecuentes, la evaluación de la acción creativa del alumnado se vuelve indispensable. Y puede llevarse a cabo utilizando diversos instrumentos, pero es, sobre todo, por medio del diálogo personal con el docente donde se ha demostrado ser más efectiva. Mediante el *feedback* personal se ayudará al estudiante a descubrir y valorar la originalidad de su trabajo y se le darán pautas para superarse y mejorar en esta faceta. Y si hay que calificar, la autoevaluación y el diálogo llevarán a sopesar mejor el baremo.

Además, el "enfoque integrado" contempla la realidad desde una mirada compasiva. "Por nobles que sean los sentimientos altruistas, pueden seguir siendo buenas intenciones a menos que sean traducidos a la práctica. El altruismo necesita vincularse con nuestra habilidad creativa para solucionar problemas" (Goleman, 2009, p. 186). La compasión, si es tal, lleva siempre a la acción y al compromiso. Por tanto, la acción creativa buscará dar soluciones a los diferentes problemas que se presentan.

La sensibilidad y el deseo de aliviar el sufrimiento de otros seres humanos, aunque la solución sea solo parcial, enriquecerán a la persona y le ayudarán a conseguir la fortaleza necesaria para comprometerse en esa acción.

La creatividad nace dentro de cada individuo y, sin embargo, nunca se llevará a cabo sin la ayuda de los demás. Por eso, en una clase interactiva, el docente contempla ocasiones para que los estudiantes compartan sus ideas, vivencias y trabajos. Este hecho proporcionará un conocimiento mutuo que llevará a los estudiantes a desarrollar la tolerancia y la valoración del otro, y serán conscientes de la necesidad de convivir y apreciarse, así como de crear en equipo. Es a través del contraste de opinión, la colaboración y la amistad, desde donde se desarrollará mejor su ser creativo.

Crear es aportar algo valioso desde el interior de uno mismo. Por eso, ayudar a *crear* es *educar*.

3. Aproximación al currículo

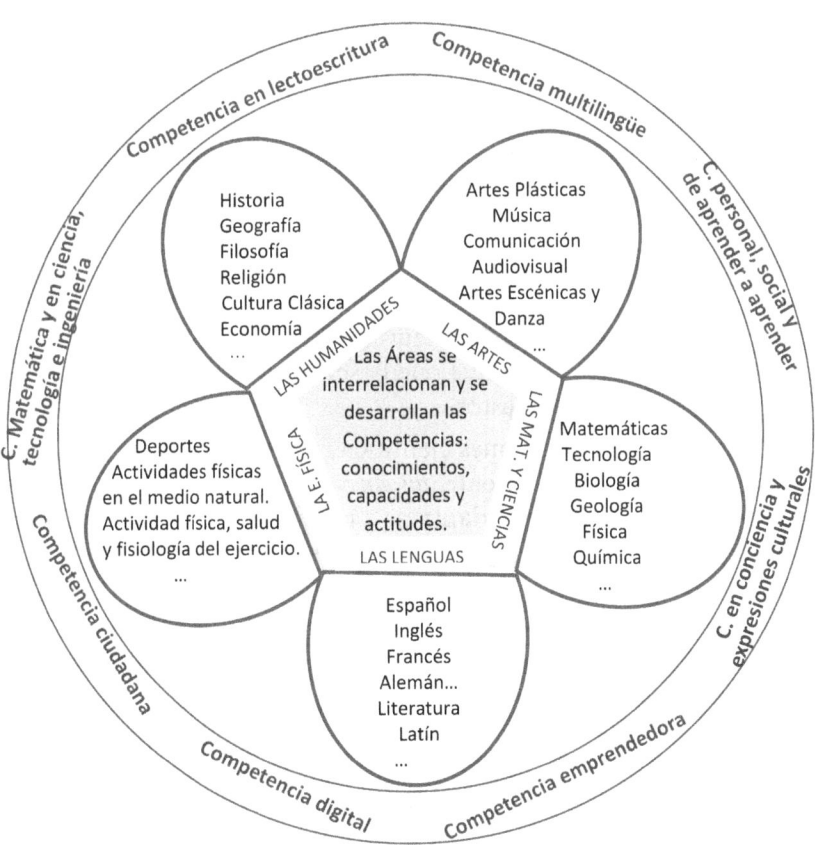

Competencia en lectoescritura

Competencia multilingüe

C. personal, social y de aprender a aprender

C. Matemática y en ciencia, tecnología e ingeniería

C. en conciencia y expresiones culturales

Competencia ciudadana

Competencia emprendedora

Competencia digital

LAS HUMANIDADES

Historia
Geografía
Filosofía
Religión
Cultura Clásica
Economía
...

LAS ARTES

Artes Plásticas
Música
Comunicación
Audiovisual
Artes Escénicas y
Danza
...

LA E. FÍSICA

Deportes
Actividades físicas
en el medio natural.
Actividad física, salud
y fisiología del ejercicio.
...

LAS MAT. Y CIENCIAS

Matemáticas
Tecnología
Biología
Geología
Física
Química
...

Las Áreas se
interrelacionan y se
desarrollan las
Competencias:
conocimientos,
capacidades y
actitudes.

LAS LENGUAS

Español
Inglés
Francés
Alemán...
Literatura
Latín
...

1. Una aproximación coherente al currículo

Los currículos son planes de aprendizaje que sirven de ruta y que contienen objetivos, contenidos, estrategias, y pautas para enseñar y evaluar, todo ello destinado a obtener un resultado de aprendizaje deseado. En consecuencia, todo docente programa su acción partiendo de un currículo determinado que las instituciones educativas correspondientes le presentan.

A lo largo de la historia, los currículos van cambiando, atendiendo a distintas tendencias pedagógicas, metodológicas, o a otros intereses. El docente se siente abrumado por los cambios constantes, que muchas veces son solo superficiales y se refieren a la nomenclatura de los distintos elementos, pero que demandan un trabajo exhaustivo de adaptación para presentar sus programaciones didácticas conforme a la normativa en curso de cada momento.

Hay en la actualidad infinidad de publicaciones con distintas aproximaciones al currículo, muchas de ellas muy válidas y coherentes, si bien diferentes en diversos aspectos. Esto nos lleva a interrogarnos sobre la existencia de una única propuesta válida. Por eso, decidimos no referirnos en este libro a la legislación del momento, sino llevar a cabo una aproximación que pueda ser atemporal y coherente con los planteamientos expuestos.

Según las investigaciones científicas y pedagógicas que se están llevando a cabo en el presente, *un currículo eficaz ha de ser flexible, abierto e inclusivo* y ha de adaptarse a las circunstancias de todos los estudiantes, teniendo en cuenta su contexto y sus condicionantes.

Para justificar nuestro enfoque del currículo, partimos en primer lugar, de los principios expuestos en los capítulos anteriores. Además, en el próximo capítulo se expondrá la metodología que consideramos coherente para su desarrollo.

Por tanto, a nuestro parecer, *las seis dimensiones educativas del ser humano, los cuatro principios didácticos y la metodología integrada, son los pilares de esta aproximación.*

2. Las disciplinas, las áreas de conocimiento y la interdisciplinariedad

Las disciplinas

El grueso de cualquier currículo lo constituye la enumeración de las distintas disciplinas que hay que enseñar. Esta clasificación ayuda a planificar y a profundizar en los distintos saberes y ha estado presente a lo largo de la historia (trívium- quadrivium…), aunque los contenidos y la nomenclatura han ido cambiando según los avances científicos que se han ido produciendo.

Aunque el rigor científico es importantísimo para abordar el aprendizaje, sabemos que los saberes de las distintas disciplinas están integrados en la realidad, y no debemos caer en el error de fragmentarlos en distintos apartados inconexos. La integración de los contenidos es algo básico para que el alumnado los comprenda adecuadamente, por eso, a la hora de presentar cualquier disciplina debe hacerse relacionando los contenidos entre sí. Por ejemplo, en la materia de lengua inglesa, partimos siempre de las funciones del lenguaje y de esas funciones se desprenden las estructuras y se aplican a las actividades lingüísticas como propone el "Marco común europeo de las lenguas". Un currículo debe mostrar claramente la relación entre los diferentes tipos de contenidos de manera rigurosa, por lo que, generalmente, es necesario modificar la presentación de los contenidos que aparece el currículo oficial.

Así pues, es importante que cada disciplina presente sus contenidos de forma que guarden una lógica, un rigor y una funcionalidad.

Las áreas de conocimiento

El rigor científico disciplinario es la base de esta propuesta, sin embargo, estamos de acuerdo con las ideas de distintos pensadores contemporáneos, tales como Edgar Morin y Ken Robinson, quienes afirman que esta división por asignaturas académicas puede ser restrictiva e impedir la transmisión de los conocimientos de manera adecuada. Según Morin "las mentes formadas por las disciplinas pierden sus aptitudes naturales para contextualizar los saberes tanto como para integrarlos en sus conjuntos naturales" (UNESCO,1999, p. 18).

Ken Robinson (2015, p.195) nos presenta cinco áreas de conocimiento, en torno a las cuales agrupamos las diferentes disciplinas: artes, humanidades, artes del lenguaje, matemáticas y ciencias y educación física. Los límites entre las distintas asignaturas se solapan con frecuencia. Por ello, esta división en áreas nos facilita abordar la enseñanza de una manera más global, lo que facilita un desarrollo más integral de la persona.

La interdisciplinariedad

La integración de las disciplinas responde coherentemente al hecho de que el conocimiento está interrelacionado. A la hora de planificar, es necesario adaptar el currículo oficial para transformarlo en algo interdisciplinar, que presente los contenidos de modo integrado, empezando por cada disciplina en sí y siguiendo por la interrelación con el área correspondiente y con otras disciplinas.

¿Cómo hacer esto posible con nuestro currículo? A partir de las enseñanzas mínimas que se establezcan para ese momento, proponemos organizar nuestro currículo en torno a diferentes realidades que consideremos importantes para el curso concreto que vamos a programar, atendiendo a la diversidad de nuestro alumnado y al contexto que tenemos (ver capítulo 2). El enfoque integrado propone que, en un mayor nivel de concreción, partamos de una serie de temas cercanos a la vida de los estudiantes, para abordar a través de ellos, los distintos contenidos preceptivos en el currículo oficial establecido. Si lo hacemos así, al concebir la realidad como algo complejo, este currículo habrá de ser interdisciplinar.

Esta concepción de la enseñanza implica que cada docente pueda transformar el currículo creativamente según lo expresado. Es deseable que los docentes trabajen en equipo para abordar la interdisciplinariedad de manera más efectiva, aunque se ha demostrado sobradamente que también se puede aplicar este enfoque de manera individual. Así pues, puede llevarse a la práctica de diversas maneras según la disciplina y la conexión que pueda establecerse con las demás materias en la práctica. El convencimiento del docente de considerar este aspecto como algo valioso para la enseñanza es lo principal, pero no cabe duda de que la ayuda de la dirección y otros profesionales con responsabilidades en el centro (coordinadores de bilingüismo, de área…) para arbitrar los recursos pertinentes (formación, organización, impulso…) es fundamental para avanzar en su desarrollo.

Es evidente que cuando varios docentes de diferentes especialidades se juntan, aunando sus contenidos para trabajar en una realidad determinada, se consigue un aprendizaje más rico, más profundo, y más comprensible para los estudiantes; sin perder por ello el rigor científico.

No obstante, insistimos: si el especialista es riguroso y desea que sus estudiantes aprendan correctamente su materia, necesita relacionar el contenido que imparte con otras áreas del saber y fomentar así una visión más globalizada del mundo donde esa disciplina cobra sentido. Es evidente que el docente debe informarse adecuadamente sobre los contenidos que están relacionados con las otras materias para tratarlos de manera rigurosa. Este hecho, aunque en principio parezca un esfuerzo extra, le aportará un beneficio como profesional y le enriquecerá como persona. Esta visión interdisciplinaria no es algo discutible. En la actualidad, muchos expertos en educación la reivindican como algo indispensable. Por tanto, la interdisciplinariedad no es solo una cuestión de estrategia, sino un fundamento para sustentar el aprendizaje y abordar el conocimiento.

3. Las competencias clave

Según el Diario Oficial del Consejo de la Unión Europea, las competencias clave son aquellas que todas las personas precisan para su realización y desarrollo personales, su empleabilidad, integración social, estilo de vida sostenible, éxito en la vida en sociedades pacíficas, modo de vida saludable y ciudadanía activa. (Bruselas, 22 de mayo de 2018).

Estas premisas son indiscutibles en nuestro enfoque y nos parece esencial que estén presentes desde el primer momento del currículo. El marco de referencia establece las ocho competencias clave siguientes:

- *Competencia en lectoescritura.* Es la habilidad de identificar, comprender, expresar, crear e interpretar conceptos, sentimientos, hechos y opiniones de forma oral y escrita.

- *Competencia multilingüe.* Esta competencia define la habilidad de utilizar distintas lenguas de forma adecuada y efectiva para la comunicación.

- *Competencia matemática y competencia en ciencia, tecnología e ingeniería.* La competencia matemática es la habilidad de desarrollar y aplicar el razonamiento y la perspectiva matemáticos con el fin de resolver diversos problemas en situaciones cotidianas. La competencia en ciencia alude a la habilidad y la voluntad de explicar el mundo natural utilizando el conjunto de los conocimientos y la metodología empleados, incluidas la observación y la experimentación, con el fin de plantear preguntas y extraer conclusiones basadas en pruebas.

- *Competencia digital.* Implica el uso seguro, crítico y responsable de las tecnologías digitales para el aprendizaje, en el trabajo y para la participación en la sociedad, así como la interacción con estas.

- *Competencia personal, social y de aprender a aprender.* Es la habilidad de reflexionar sobre uno mismo, gestionar el tiempo y la información eficazmente, colaborar con otros de forma constructiva, mantener la resiliencia y gestionar el aprendizaje y la carrera propios.

- *Competencia ciudadana.* Es la habilidad de actuar como ciudadanos responsables y participar plenamente en la vida social y cívica, basándose en la comprensión de los conceptos y las estructuras sociales, así como la sostenibilidad y los acontecimientos mundiales.

- *Competencia emprendedora.* Se refiere a la capacidad de actuar con arreglo a oportunidades e ideas, y transformarlas en valores para otros.
- *Competencia en conciencia y expresión culturales.* Implica comprender y respetar la forma en que las ideas y el significado se expresan de forma creativa y se comunican en las distintas culturas, así como a través de una serie de artes y otras manifestaciones culturales. Implica esforzarse por comprender, desarrollar y expresar las ideas propias y un sentido de pertenencia a la sociedad o de desempeñar una función en esta en distintas formas y contextos.

Nos parece importante, además, hacer referencia al hecho de que, junto a la definición de cada una de estas competencias, aparece en este documento el desarrollo de las mismas en cuanto a conocimientos, capacidades y actitudes. Estos tres elementos se definen del siguiente modo:

- *Los conocimientos* se componen de hechos y cifras, conceptos, ideas y teorías que ya están establecidos y apoyan la comprensión de un área o tema concretos.
- *Las capacidades* se definen como la habilidad para realizar procesos y utilizar los conocimientos existentes para obtener resultados.
- *Las actitudes* describen la mentalidad y la disposición para actuar o reaccionar ante las ideas, las personas o las situaciones.

La consideración del papel que juegan las competencias en el diseño del currículo es muy esclarecedora. Todas las competencias clave se consideran igualmente importantes; cada una de ellas contribuye a lograr una vida exitosa en la sociedad. Las competencias pueden aplicarse en contextos muy distintos y en diversas combinaciones. Estas se solapan y entrelazan, ya que determinados aspectos esenciales en un ámbito apoyan la competencia en otro. Entre las competencias clave se integran capacidades como el pensamiento

© narcea, s.a. de ediciones

crítico, la resolución de problemas, el trabajo en equipo, las capacidades de comunicación y negociación, las capacidades analíticas, la creatividad y las capacidades interculturales.

Las competencias en la programación del enfoque integrado

No se trata sólo de ser competentes –adquirir determinadas habilidades- sino sobre todo de tener competencias, conquistar la capacidad de cambio social.

JUAN JOSÉ VERGARA, 2021, p. 54

El enfoque integrado ve claramente que las ocho competencias están presentes en todas y cada una de las materias. A pesar de que, inicialmente, pueda parecer que algunas de las competencias están ligadas exclusivamente a una materia concreta, esto no es así: Por ejemplo, la competencia en comunicación lingüística estará muy presente en asignaturas como Lengua Española o las relacionadas con Idiomas extranjeros, pero también lo estará en cualquier materia, en el momento en el que haya que expresarse verbalmente, o comprender textos orales o escritos.

La competencia matemática también estará presente no solo en las asignaturas de Ciencias. Por ejemplo, el reconocimiento y el aprendizaje de reglas de funcionamiento del sistema de la lengua, tiene que ver con la competencia matemática. Así pues, la práctica de actividades encaminadas a aprender estructuras gramaticales contribuye al desarrollo de esta competencia. Las Ciencias Sociales, la Música, el Deporte y demás disciplinas contribuirán asimismo a esta competencia si se contemplan rigurosamente.

La competencia social y ciudadana se trabaja también en las dinámicas de aula y en la interrelación con los demás docentes del claustro. ¿Tiene el estudiante una actitud respetuosa? ¿Cumple las normas? ¿Es capaz de cuestionarlas empleando los cauces adecuados? Las respuestas a estas y otras preguntas similares nos ayudarán a evaluar esta competencia.

La competencia emprendedora tiene que ver con la creatividad, con la búsqueda de soluciones, con la tenacidad, con la ilusión por implicarse en tareas…

La manera en que el enfoque integrado comienza al elaborar cada unidad de aprendizaje es mirando al mundo que nos rodea. Por esta razón, no se concibe una propuesta didáctica que no desarrolle la competencia en conciencia y expresiones culturales, puesto que lo primero que tenemos en cuenta es precisamente el entorno social y cultural del alumnado.

Competencias y evaluación

La evaluación supone la constatación, cuanto más continua mejor, del progreso del alumnado. Las competencias deben estar implícitas en los objetivos propuestos. Estos objetivos son, por tanto, los criterios de evaluación, las metas a las que queremos llegar. Por todo lo expresado en los apartados anteriores, entendemos que no es posible evaluar las competencias de manera separada de la evaluación procesual que llevamos a cabo a lo largo del curso. La incoherencia que supondría separar la evaluación competencial de la evaluación de los objetivos propuestos en nuestra programación nos llevaría a no cumplir con la función esencial de la misma evaluación.

4. Las competencias en las Unidades de Aprendizaje

Los objetivos de cada unidad de aprendizaje se han de redactar en forma de capacidades, como se describe y ejemplifica en los capítulos posteriores *("Al final de la unidad seré capaz de…")*. A lo largo de estos objetivos, estarán reflejadas las distintas competencias. Es posible que, dependiendo de la temática de las unidades, algunas de las competencias queden más reflejadas en unas que en otras, esto no se contradice con el hecho de que todas las competencias habrán estado presentes en cada una de las unidades de aprendizaje trabajadas.

Como hemos señalado anteriormente, cada competencia aparece dividida en tres apartados: conocimientos, capacidades y actitudes. Si analizamos los apartados de capacidades y actitudes de cada una de ellas, descubriremos que aparecen los mismos aspectos una y otra vez en varias competencias. Sabemos que estos coinciden con elementos que hemos considerado esenciales desde siempre en este enfoque (por ejemplo; la capacidad crítica, la apreciación de la diversidad cultural, la habilidad de aprender y trabajar de forma tanto colaborativa como autónoma, la creatividad, etc.) Este hecho, nos ayuda en nuestro propósito a la hora de considerar y redactar los objetivos de cada unidad.

5. Los criterios de evaluación y los objetivos

Los objetivos quedan definidos en el currículum oficial vigente como los logros que se espera que el alumnado haya alcanzado al finalizar la etapa y cuya consecución está vinculada a la adquisición de las competencias clave. Asimismo, los objetivos de cada materia recogen la finalidad última de las enseñanzas del área y van acompañados de las competencias propias de cada materia, de los contenidos (en ocasiones enunciados en forma de saberes básicos) y de los criterios de evaluación.

Generalmente, el enfoque integrado asume los objetivos que se proponen en los currículos oficiales para cada etapa y área, aunque en bastantes ocasiones, haya que modificar su expresión para que se adapten más al contexto y a la comprensión del profesorado. Junto con los objetivos, en el currículo oficial actual se enuncian una serie de criterios de evaluación que en ocasiones no aparecen lo suficientemente claros ni definidos para que sirvan de orientación al docente y cumplan su función, que es proporcionar un marco definido y claro para la evaluación del alumnado. Ante este hecho, es fundamental que nuestra aproximación al currículo cuente con unos objetivos y unos criterios de evaluación claros y precisos, para que sean comprendidos tanto por los docentes como por los estudiantes.

Por último, a modo de resumen, volvemos a mirar a la figura que hemos presentado al comienzo de este capítulo. En ella se pretende plasmar la relación estrecha entre los elementos básicos que se promueven en esta aproximación curricular: Los cinco pétalos que quedan plasmados en la ilustración que aparece al inicio de este capítulo, enumeran las disciplinas divididas en cinco áreas de conocimiento: las Humanidades, las Artes, la Educación Física, las Matemáticas y las Ciencias, y las Lenguas. Esta figura está rodeada por las competencias clave y encierran un todo interdisciplinar. En el centro, se especifica esta interrelación y se pone en primer plano el objetivo primordial que da una coherencia a todo lo demás: la adquisición y el desarrollo de conocimientos, capacidades y actitudes.

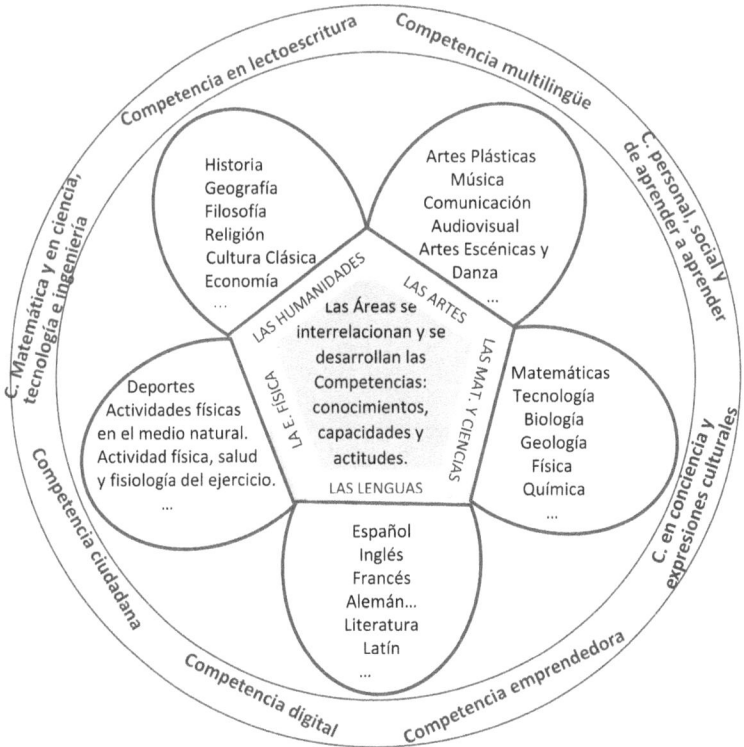

6. Conclusiones

Como hemos constatado, según este enfoque, cualquier currículo oficial es válido como punto de partida, pero siempre conllevará una adaptación para que cumpla mejor con su propósito como marco de referencia. Por eso, se nos invita a estudiarlo, reflexionar sobre su contenido y a adoptar lo esencial que nos ayude, sin tener miedo a modificarlo para que sea verdaderamente un elemento facilitador.

© narcea, s.a. de ediciones

4. Elementos clave en el Enfoque Integrado

MÍNIMOS
PEDAGÓGICOS

LA FIGURA DEL
DOCENTE

1. Mínimos pedagógicos imprescindibles

Para describir los elementos clave que adoptamos, comenzaremos por considerar *ocho mínimos pedagógicos imprescindibles* que estarán presentes en cualquier situación y circunstancia escolar. Estos son: los *objetivos de aprendizaje*, la *alegría* en el aula, la *posibilidad de expresión* de cada estudiante, la *motivación* hacia el conocimiento, la *curiosidad*, la *creatividad*, la *interacción* en el aula y el *compromiso* con el mundo.

Ninguno es anterior al otro ni se considerará más importante. Todos ellos forman un conjunto que un docente, con las características que se describen a continuación sabrá llevar a cabo y adaptar a su realidad educativa.

1. *Los objetivos de aprendizaje.* Los estudiantes deben saber a dónde se dirigen desde el comienzo de su trabajo, es decir, cuál es la meta de su aprendizaje. Esto les proporcionará seguridad y les posibilitará ser sujetos activos en el proceso. Los objetivos se les dan a conocer en términos de capacidades: "Al acabar la unidad seré capaz de...". El docente, al formularlos, tendrá en cuenta que, en su conjunto, desarrollen todas las operaciones mentales según "La taxonomía de Bloom revisada": recordar, comprender, aplicar, analizar, evaluar y crear.

2. *La alegría en el aula*. Este rasgo puede parecer una paradoja en algunas ocasiones, sin embargo, se considera un mínimo imprescindible para posibilitar el aprendizaje, ahora y siempre. Es la alegría que nace de la esperanza y del deseo de superación. En muchos momentos convive con el dolor, pero no se deja arrastrar por él. Un ambiente positivo y alegre reconoce lo bueno que tenemos y lo agradece. Por eso el docente utiliza estrategias como la valoración positiva o el sentido del humor, fomenta un clima alegre en el aula e invita a la clase a sumarse a esta actitud para que, de este modo, se consiga un ambiente amable.

3. *La posibilidad de expresión de cada estudiante*. Cada individuo es único y su desarrollo es vital en la educación. Por eso, las

actividades que el docente proponga deben fomentar la expresión personal en todos los sentidos. Para conseguir esta comunicación en el aula es necesario implementar diferentes acciones para que la educación emocional sea efectiva y ayude al desarrollo del individuo. De ahí la importancia de crear un clima de libertad en la clase que acoja los sentimientos, aspiraciones y logros de cada uno y se despierten deseos de mejora y superación.

4. *La motivación hacia el conocimiento*. Esta motivación se produce cuando nos sentimos involucrados personalmente en aquello que vamos a conocer. Por eso, la estrategia que se emplee para la motivación es clave. Puede ser muy sencilla pero no por ello menos necesaria. Se trata de conectar la realidad sobre la que vamos a trabajar con la realidad del alumno y dejar que descubra y exprese qué tiene que ver eso que se le presenta, que en un principio puede parecerle lejano, con su persona. Si se consigue esa conexión, se despierta un interés imprescindible para que se produzca el aprendizaje.

5. *La curiosidad y el descubrimiento*. La curiosidad que despierta la motivación debe conducir al estudiante a querer aprender sobre lo que se presenta como objeto de estudio. Para ello, el docente proporciona herramientas de diferentes tipos que estimulan y despiertan el deseo de conocer. Pueden ser muy variadas dependiendo del proceso; desde una presentación del tema por parte del docente: a una investigación del alumno sobre la materia en estudio. En este punto, la planificación del proceso con esa intención es algo importante ya que, para mantener la motivación, el descubrimiento personal de aspectos de la realidad en estudio es un elemento imprescindible.

6. *La creatividad y la autonomía*. Crear está en la cumbre de las operaciones mentales de rango superior; no se puede nunca renunciar a la creatividad si se desea que la persona se desarrolle como tal a través de la educación. La creatividad no se presenta en la clase como algo puntual, sino como algo imprescindible en el proceso

© narcea, s.a. de ediciones

de enseñanza-aprendizaje. La creatividad nace de la autonomía y del deseo de colaborar personalmente. Es la expresión propia y creativa de cada individuo la que enriquecerá a todo el conjunto. De nuevo, el fluir en el aula y la valoración positiva de lo que se aporte es la clave para que esto se produzca.

7. **La interacción en el aula.** El aprendizaje se produce siempre a través de la interacción con los otros. Por eso, la comunicación con el profesor y con los compañeros se considera imprescindible para avanzar. Además, en el mundo actual, trabajar bien con los demás es necesario para colaborar en cualquier proyecto que se proponga en el ámbito laboral y social, y esto tiene que aprenderse en el día a día si queremos profesionales preparados y personas que aporten socialmente. A través de la dinámica y las estrategias de un trabajo cooperativo, organizadas de la forma más conveniente para un determinado grupo-clase, estamos educando en una serie de valores y competencias irrenunciables.

8. **El compromiso con el mundo.** En un mundo complejo como el que vivimos, se necesitan personas solidarias que sepan mirar. Es más, aprender a mirar a la realidad compleja y comprometerse con ella contribuye a la realización personal del individuo en todas sus facetas. Afortunadamente, en esta sociedad repleta de medios informáticos y de comunicación, es más fácil contemplar un panorama amplio y acercarlo al aula que hace unos años. Si creemos en la persona, el docente "abrirá las ventanas" de manera amplia para la contemplación de aquello que es objeto de estudio y suscitará la reflexión y el pensamiento crítico. El maestro enseñará a pensar al discípulo libremente, sin ser tendencioso. No obstante, ayudará para que desde su persona nazcan actitudes compasivas hacia los demás. El compromiso con el mundo es siempre personal y se realiza desde la verdad del individuo si se pretende que este sea duradero. Por eso, aunque es positivo que en la clase se programen actividades que inviten al compromiso y se pueda llevar a cabo alguna acción conjunta como gesto colectivo, no olvidemos

que es en el corazón de cada estudiante donde nace la solidaridad verdadera.

2. La figura del docente

Parece que ya tenemos asumido, o así entendemos que debería ser, que el docente no es un mero transmisor de conocimientos, sino un guía, un facilitador que hace posible que el estudiante sea el verdadero protagonista de su propio aprendizaje. Ya en 1973, Gastón Mialaret, reconocida personalidad en pedagogía, declaraba que el conjunto de conocimientos transmisibles no son más que un aspecto de la formación, siendo el papel del educador el de capacitación del niño para *situaciones* que nosotros mismos desconocemos en el momento presente y que le vendrán en el futuro, según evolucione la sociedad. La escuela no es tan solo una mediación, sino que tiene sentido en sí misma. Por tanto, los docentes han de ser educadores en el más amplio sentido del término, y ello implica ir más allá de los contenidos de la materia correspondiente.

Por ello, junto con los mínimos pedagógicos descritos la comienzo de este capítulo, el enfoque integrado considera al docente un elemento clave que sostiene la propuesta. Un docente con determinadas características o cualidades, como veremos a continuación.

Coherencia y compromiso

Cuando preguntamos a los estudiantes por las cualidades de un buen docente, pocas veces van a decir "que sepa mucho" pero sí dirán "que sepa explicar"; y el secreto no solo radica en que técnicamente nos entiendan o en "saber motivar". Si la pregunta es "¿qué es lo que más te gusta de mí como profesor o profesora?", en sus respuestas está la clave de lo que para nuestros estudiantes es ser un buen docente: *"Que nos escucha, que tiene mucha paciencia, que viene alegre, que sus clases son divertidas, que nos comprende, que nos motiva, que explica bien…"*.

Los buenos profesionales de la educación, además, deben impregnar de espíritu crítico sus enseñanzas. Una buena preparación de nuestras clases, por otro lado, será imprescindible en nuestro quehacer diario y esto es algo que nuestro alumnado aprecia y agradece.

Ahora bien, ¿cómo conseguir todo ello? Nuestro alumnado pide coherencia y comprensión, necesitan sobre todo una persona que sepa guiarles, que les dé seguridad y confianza; que sea coherente en sus palabras y en sus obras. Al tiempo que quieren vernos humanos; pues, lo mismo que necesitan protección, detectan nuestras debilidades, flaquezas o "momentos bajos" nada más vernos entrar por la puerta. Y, con frecuencia, su empatía en esas circunstancias es directamente proporcional a la que habitualmente les brindamos.

La realidad de nuestras aulas es cada vez más compleja, pues las situaciones familiares, sociales y personales también lo son. Para muchos de nuestros estudiantes la escuela, el instituto e incluso la universidad suponen un refugio de su propia realidad y con frecuencia ese refugio ofrece mayor seguridad que la que encuentran en sus hogares. Es importante que nuestra actitud cuide lo que Esquirol llama "el umbral", que hace referencia al "lugar", al recibimiento y al espacio que hay que cuidar. El umbral podemos cuidarlo de muy diversas maneras. Mediante nuestra actitud tranquila, atenta, acogedora, modélica en nuestro trabajo, esfuerzo y dedicación y también mediante la creación de un espacio emocional y estéticamente agradable.

Los educadores somos piezas clave para facilitar el sentimiento de acogida, no importa si somos miembros del equipo directivo, tutores o no, incluso si pertenecemos al resto de la comunidad educativa. Conserjes, personal de secretaría, limpieza, monitores... son llamados "profes" para contribuir a ese necesario sentimiento de pertenencia. Para ello, es importante también conocerlos, preocuparnos por su sentir, sus estados emocionales en cada momento. No podrá haber aprendizaje si el estudiante está más preocupado por temas que le superan en su vida personal o emocional en el momento de la clase.

Por todo ello, es necesaria nuestra atención constante y una mirada siempre atenta. Un buen docente está alerta dentro y fuera del aula e incluso fuera de su trabajo. La reflexión antes y después de sus clases, así como una buena formación permanente serán claves para su mejora continua. Compartir nuestras experiencias con otros profesionales, sean de nuestra materia o de otras, hará más sencilla y enriquecedora la tarea y nos hará mejorar como profesionales de la enseñanza.

Las personas que nos hemos implicado en la elaboración de este libro nos vemos identificadas con esta idea, pues llevamos años formándonos, reuniéndonos y compartiendo nuestras experiencias e inquietudes en un entorno seguro donde exponer y seguir investigando en beneficio de nuestra labor docente y nuestro alumnado. Es algo parecido a lo que acontece cuando en la sala de profesores de un centro de enseñanza, exponemos también nuestras dificultades y compartimos nuestros diferentes puntos de vista, creando lazos que nos ayuden a dilucidar qué está sucediendo con un determinado estudiante o un grupo de estudiantes.

Al igual que el alumnado necesita sentirse acogido y desarrollar su sentimiento de pertenencia, al profesorado le será sin duda de gran ayuda encontrar en sus colegas un punto de encuentro y apoyo a su labor docente, sin olvidar el importante papel del departamento de orientación y de la formación externa, bien sea fuera del centro o creando seminarios que faciliten ese espacio.

Terminamos este apartado con el testimonio de una estudiante al finalizar sus estudios de secundaria. Al preguntarle qué era para ella un buen profesor, una buena profesora, estas fueron sus palabras:

"Esta es una profesión altruista. Ser profesor o profesora es ver a tus estudiantes como segundos hijos e hijas. Es una segunda casa, un apoyo, alguien que cree en ti, aunque tú misma no lo creas. Alguien que te inspira a ser mejor y te transmite el amor por el conocimiento. Si es buena o bueno en lo que hace, la vocación que tiene por enseñar se convierte en algo tuyo" (Julieta M.C., 2024).

Recordamos, finalmente, que la última elección será siempre del alumnado. Nuestra labor es compleja y en su libertad de elección está la clave de su compromiso. Decía María Montessori que "la primera tarea de la educación es agitar la vida, pero dejarla libre para que se desarrolle".

Cinco aspectos en las competencias profesionales docentes

Para que haya un docente con las características descritas en el apartado anterior, se necesita una reflexión conjunta de personas que apuestan por una educación con este enfoque. Por eso, en este apartado recogemos cinco aspectos[1] que nos ofrecen una visión compartida de las competencias profesionales inherentes al docente consciente de su labor. Tenemos la certeza de que muchas personas del ámbito educativo comparten las ideas que exponemos a continuación. El hecho de sentirnos unidos con otros muchos profesionales es clave para afianzarnos y avanzar en nuestro propósito:

- *Desarrollo personal del docente en cuanto a su consciencia y conciencia de lo que supone educar.*
  - Capacidad ética y profesional. Compromiso.
  - Motivación y entusiasmo por la tarea
  - Vocación, amor y pasión por educar.
  - Autoconocimiento y conocimiento del alumnado.
  - Amor por el conocimiento.
- *Competencias emocionales personales e interpersonales.*
  - Formación en la dimensión emocional personal y social.
  - Capacidad para generar un clima saludable en el aula.

---

[1] Estas aportaciones fueron recogidas por un grupo de asistentes vinculados a la educación, en una mesa redonda sobre este tema, celebrada el 16 de mayo de 2024, en el Colegio Oficial de Docentes de la Comunidad de Madrid.

- – Convencimiento de que la educación es relación, capacidad para interaccionar con el alumnado
- – Conciencia de que educamos entre todos y valoración de los compañeros.
- – Trabajo en equipo; aprendemos unos de otros.
- – Respeto y confianza.

● *Formación en estrategias que lleven a una motivación por el aprendizaje.*

- – Valorar el conocimiento tanto en el propio campo o especialidad como en todos los campos del saber.
- – Formarse en estrategias para contagiar al alumnado el amor por el conocimiento.
- – Importancia de la formación permanente del profesorado actualizándose en estrategias para el aula y en la aplicación de la tecnología.
- – Conocer los avances en educación (investigadores y pensadores) y adaptarlos a la práctica docente.

● *Colaboración en los centros educativos y con otros profesionales de manera eficaz*

- – Que los docentes puedan tener una mayor iniciativa en los centros educativos para que puedan aportar más y se pueda avanzar más eficazmente.
- – Liderazgo en los centros docentes.
- – Cultura colaborativa en los centros y con otros profesionales de la educación.
- – Crear espacios de participación.
- – Capacidad para trabajar con otros (docentes, familias, entorno cercano…).

● *Trabajo colaborativo eficaz del docente con el contexto escolar, con otras entidades y participación en asociaciones profesionales de docentes*

© narcea, s.a. de ediciones

– Trabajar con otros docentes de forma colaborativa dando iniciativas y creando vínculos: Pensar juntos para crear juntos.

– Crear "comunidades de aprendizaje" y grupos de trabajo, más que cursillos aislados. Aprender a aprender juntos.

– Propiciar una formación del profesorado que impulse estas competencias docentes y apoyarlas.

Desafíos del docente

Si miramos al panorama actual en las aulas y observamos la situación en la que se encuentra el docente, vemos que son muchos los retos que tiene que afrontar para cumplir su tarea debidamente. Vamos a mencionar tres de ellos, que nos parecen especialmente importantes: *la disciplina, el exceso de trabajo* al que habitualmente se ve sometido y la necesidad de cuidar *su bienestar emocional.*

La disciplina

La falta de disciplina es algo con lo que el docente de hoy tiene que lidiar, muchas veces sin ayuda ninguna. Sabemos que los niños, pero especialmente los adolescentes pueden tener comportamientos muy injustos e ingratos. Este problema puede llegar a ser muy desesperanzador para el docente, que puede sentir soledad e impotencia en ocasiones. Es importante que el docente sea consciente de que el problema no es su incapacidad para ser un buen profesor o la necesidad de hacerse merecedor del respeto del alumnado; o que no haya sabido ganarse la autoridad ante sus alumnos. Menos aún que no haya sabido inspirarles, o que sus clases sean demasiado aburridas.

Todos estos argumentos se utilizan a veces por el alumnado, por las familias o incluso por los propios educadores, para justificar las conductas indisciplinadas. De este modo se carga la responsabilidad de este problema sobre la maltrecha espalda del profesorado. Como bien señala Ken Robinson:

Muchos de los desafíos que los centros tienen que afrontar, como por ejemplo drogadicción, acoso, violencia y problemas de disciplina, puede que aparezcan en la escuela, pero no se originan allí (2015, p. 274).

Sin embargo, el docente vocacional no se conforma con buscar la manera de deshacerse de los alborotadores. Más bien, casi cual Quijote, intenta resolver situaciones complejas sin tener los suficientes recursos. En muchas ocasiones, esto suele acabar en fracaso y frustración.

Se dice que "para educar a un niño hace falta toda la tribu" ¡Gran verdad! Por ello es esencial que los problemas de disciplina se aborden no solo en equipo, por todo el conjunto del profesorado, sino también contando con las familias, con quien es necesario trabajar habitualmente codo con codo. Además, en ocasiones conviene recurrir a otros profesionales, tales como psicólogos, asistentes sociales e incluso agentes del orden, según los casos.

El objetivo es recuperar a la persona, al ser humano que se esconde detrás de una actitud disruptiva. Esta tarea no siempre es fácil. Begoña Ibarrola, experta en educación emocional, dedicó sus primeros años como profesional al trabajo con niños y adolescentes con problemas de conducta y retraso mental en escuelas y residencias para menores de la Comunidad de Madrid. Allí pudo constatar cómo los problemas emocionales están presentes en los problemas de aprendizaje, y en los problemas de conducta, y cómo después de terapia, hubo cambios sustanciales en todas las personas tratadas.

Para poder afrontar el problema de la disciplina en las aulas, el primer paso es tomar conciencia de que existe, de que en la actualidad no lo estamos sabiendo abordar, y de que puede haber otras maneras de actuar que obtengan mejores resultados. Además del trabajo conjunto del equipo de profesores, es necesario que haya voluntad política y que se implementen cambios en los protocolos, que proporcionen los apoyos necesarios. No nos debemos conformar con un sistema meramente sancionador, porque estamos viendo que esa no es la manera de resolver el problema.

© narcea, s.a. de ediciones

El exceso de trabajo

Otro factor que contribuye al síndrome del profesor quemado son las largas horas dedicadas a la preparación de clases, a la corrección de tareas y a la formación continua, por no mencionar el exceso de tareas burocráticas de diferentes tipos. Con frecuencia el profesor vocacional se ve privado de tiempo para su vida, para su familia... Por supuesto que es necesario preparar bien las clases, claro que hay que seguir formándose, y evidentemente es necesario corregir tareas. Pero, para gestionar bien "nuestro tiempo" es necesario sopesar nuestro esfuerzo.

Se puede recurrir a múltiples recursos que nos ayudarán a agilizar nuestra tarea, desde tener un buen repositorio bien organizado de estrategias que ya nos han funcionado con anterioridad, hasta trabajar colaborativamente con otros docentes. También se pueden emplear distintas herramientas de evaluación aparte de las pruebas escritas que tantas horas de corrección consumen. Incluso se pueden llevar a cabo distintos métodos de corrección que no impliquen siempre al profesor como único agente. Formarse en la utilización de distintos recursos y conocer bien las dinámicas para ponerlos en práctica facilitará ese trabajo.

De cualquier forma, es importante que la sociedad tome conciencia de todo el trabajo que implica la tarea docente, que se sepa que además de impartir clases, hay muchas horas de trabajo fuera de la escuela. Esto contribuirá a que se valore mejor socialmente la profesión. También se debería aminorar la carga de tareas burocráticas que apenas tienen que ver con la docencia y que tanto tiempo y energía restan en el día a día.

El bienestar emocional del profesorado

Por último, es necesario recordar que la actividad diaria implica un gran estrés, en la vital importancia de que el docente se sienta bien, no solo física sino también emocionalmente. En este sentido, destacamos no solo el autocuidado sino la importancia del cuidado institucional. Como acabamos de decir, hay una gran parte del trabajo que se realiza fuera del aula y del centro educativos: la preparación de las clases y la corrección de tareas, fundamentalmente. Pero además durante cada una de las sesiones, se está en permanente estado de "alerta". Es necesario estar muy pendiente de distintos aspectos a lo largo de cada minuto de clase:

- Observar a cada estudiante para ver si se implican, si están activos, si se despistan. Tenemos que tomar nota de las actitudes de los alumnos que no nos siguen, para poder intervenir con ellos de una manera u otra.
- Tener sumo cuidado en darles las indicaciones claras para el desarrollo de cada una de las actividades que llevemos a cabo en clase.
- Constatar si las actividades propuestas están funcionando, prestar atención a esto para alargarlas si es preciso, o por el contrario acortarlas, o cambiar el plan previsto e improvisar algo diferente, si percibimos que no están dando el resultado que se persigue.
- Abordar los problemas de disciplina que puedan surgir y darles respuesta. Ser capaces de improvisar ante imprevistos. No perder el buen talante ante cualquier provocación, mirando por el bienestar emocional de todo el alumnado.

A pesar de que el docente disfruta con su apasionante labor, no es exagerado decir que esta supone un gran desgaste físico, intelectual y emocional. Por tanto, es muy importante que todo docente cuide su salud. Para ello ha de procurar dormir lo suficiente, hacer ejercicio físico o disfrutar del tiempo de ocio, entre otros hábitos saludables.

Así mismo, es esencial que en el centro educativo se viva en un ambiente de acogida y confianza, Los Equipos Directivos de las instituciones educativas tienen una importante responsabilidad en procurar que esto se dé así. Para ello es necesario, entre otras cosas, que sean ecuánimes, transparentes y cercanos.

Los docentes tenemos en nuestras manos algo muy valioso, la formación de los hombres y mujeres del futuro, y para poder ayudar y acompañar a nuestro alumnado en el descubrimiento del mundo, no podemos ir cargados con una mochila de estrés y de desaliento. Necesitamos estar fuertes para poder presentarnos en clase con energía y alegría. Desde la experiencia y desde los numerosos estudios realizados, nos reafirmamos en la importancia del bienestar del profesorado. Somos realistas y sabemos que siempre existirán dificultades, pero creemos que podemos mejorar y avanzar en los desafíos aquí apuntados, y en otros muchos, si trabajamos en equipo y dirigimos nuestros esfuerzos en la dirección que señala este capítulo.

5. Aspectos metodológicos

1. Tres momentos: la mirada, el camino y el compromiso

La metodología en el enfoque integrado propone tres momentos durante el proceso de una unidad de aprendizaje. Estos tres momentos se inspiran en la propuesta del método de proyectos (ABP), pero ha habido una adaptación, profundización y evolución sistematizada desde los primeros planteamientos del aprendizaje por proyectos, tras muchos años de experiencia de diferentes docentes, en contextos educativos muy variados. Así mismo, han demostrado su eficacia y su adaptabilidad para hacer posible una coherencia entre los planteamientos educativos y la práctica del aula

La novedad en este enfoque radica en que el proceso de enseñanza-aprendizaje se presenta de manera integrada y el llamado "proyecto" del ABP recorre toda la unidad de aprendizaje, alternando con otras actividades de otro tipo más "tradicionales" de manera lógica, y que no se incluían en el proceso de la realización del proyecto elegido. En un principio, los "Proyectos" que se proponían se veían como algo al margen de la clase "ordinaria" (al proyecto se solía dedicar un día en la semana, por ejemplo, los viernes, o unos cuantos días solamente, etc.). En el enfoque metodológico que aquí presentamos no hay separación entre los tipos de actividades que pueden ser más propias del método de proyecto, como la indagación, u otro tipo, como pueden ser las actividades de consolidación, explicación…. Como se expone en el segundo momento llamado "el camino", las actividades de diversos tipos se integran en una secuencia lógica, y es través de todas ellas como se llegan a conseguir los objetivos propuestos.

Por último, queremos señalar que este aspecto metodológico es indispensable en cuanto a la estructura y el planteamiento pedagógico. Sin embargo, este proceso posee unas características de adaptabilidad, lógica, flexibilidad, rigor y coherencia con los planteamientos y principios descritos en los capítulos anteriores, que proporcionan al docente la libertad de acción para que pueda crear la forma más

© narcea, s.a. de ediciones

conveniente según su grupo-clase y las características propias del alumnado.

Primer Momento. La mirada: el detonante

El primer paso al comenzar el proceso de enseñanza-aprendizaje según esta propuesta, consiste en mirar a la realidad para descubrir dónde se encuentra aquello que queremos que aprendan los estudiantes y qué conexiones descubrimos con el mundo que viven. Este ejercicio posibilitará que nuestra enseñanza se llene de profundidad desde el comienzo. No se trata de una simple estrategia sino una reflexión o, mejor dicho, una contemplación desde un compromiso hondo con el mundo y con la educación. Este momento es una necesidad.

Podríamos citar a bastantes autores que mantienen este paso para poder educar, como Díaz-Salazar, quien distingue entre ver y mirar y nos invita a entrar en el interior de las cosas más allá de una mirada superficial. O como dice Esquirol de manera poética y sensible:

> El mundo está ya abierto. Pero es necesario mirar bien por la ventana. Hay que acercarse a las cosas. Hay que asomarse y extender la mano. Y tocar el aire, y respirar el cielo, y dejar que las gotas de lluvia se deslicen por las facciones de la cara. (Esquirol, 2024, p. 69).

Una vez elegida la realidad por el docente, o el grupo de docentes si es una unidad interdisciplinar, comienza una fase de motivación para que el estudiante sienta dicha realidad como algo importante en su vida y desee saber más de ella. Además, podrá relacionarla sin dificultad con los objetivos de aprendizaje que se espera que alcance al final del camino.

Por tanto, el primer paso para la motivación es asomarse a la "ventana", y quien mejor puede ayudar al estudiante a ello es el docente, despertando en los estudiantes curiosidad y asombro ante lo que ven. Los recursos que podemos utilizar son infinitos, dependiendo de la intención del docente y del tema a tratar.

Un recurso habitual ha de ser *el diálogo*, preguntando al estudiante, por ejemplo, qué le sugiere esa realidad, o cómo la relaciona con su entorno. De este modo, surgirán cada vez más matices que irá captando poco a poco y, a través de ese diálogo, el estudiante se descubrirá en la realidad elegida, como hemos visto en el apartado anterior.

Puede haber realidades más concretas o más abstractas, todas ellas son parte de nuestro mundo. Lo más importante es que el docente esté convencido de que le sirve para motivar, alcanzar los objetivos de aprendizaje propuestos y para que sus estudiantes la reconozcan en sus vidas. Así pues, la realidad elegida puede ser cercana y conocida (la familia, mi ciudad) o más lejana o abstracta (un personaje histórico o una cualidad del ser humano).

Un ejemplo de realidad propuesto para alumnos de 15 años fue *"La curiosidad"*. En este caso se partió del comienzo de *Alicia en el país de las maravillas*, donde la niña, al ver al conejo blanco, quiere saber hacia dónde se dirige y comienza su viaje. Esta situación sirvió para preguntar a la clase razones que llevan a Alicia a seguir al conejo y si alguno de los estudiantes había sentido un impulso parecido. Pusimos nombre a ese impulso, y tratamos de identificar momentos concretos en sus vidas donde también hubiesen sentido esa curiosidad. En ese momento, es muy importante que los estudiantes opinen sobre esa realidad y expresen si puede aprender a través de ella y por qué.

A continuación, conviene **poner un título a la unidad**. El título concreta la intención y orientación de la realidad elegida y, a la vez, motiva a trabajar en ella. Generalmente es el docente quien propone el título, pero también se puede preguntar en la clase: ¿Qué título le pondríamos a nuestra unidad? En nuestro ejemplo, se sugirieron varios títulos: *"Siento curiosidad, me asombro y actúo"*. *"¿Seguiría al conejo blanco?"*. *"La curiosidad me empuja"* ...

Los objetivos entendidos como metas a alcanzar son fundamentales desde este primer momento, Así como en una carrera o en otro tipo tarea sabemos hacia dónde nos dirigimos o qué vamos a conseguir al final, los estudiantes deben conocer los objetivos si queremos que se involucren desde un principio en su aprendizaje y lo hagan de una manera personal. Este hecho contribuye a que tengan ellos el control de su aprendizaje y, aunque nos pueda parecer "demasiado" mostrarles las metas desde el principio, la experiencia nos ha demostrado que para ellos son retos a conseguir y que, una vez habituados a conocerlos desde este momento, son los mismos estudiantes quienes reclaman el saberlos.

La forma de dar a conocer los objetivos a los estudiantes varía según la edad y el contexto, el tipo de unidad, etc. Por ejemplo, para los pequeños, se pueden mencionar oralmente de forma atractiva y relacionada con la motivación y, más tarde, recordárselos según las actividades. Para los más mayores, es conveniente comentarlos y entregárselos por escrito, para que los tengan presentes durante toda la unidad. Este procedimiento facilita la evaluación procesual y la autoevaluación. Así mismo, es conveniente que haya un diálogo con la clase y que los estudiantes comprendan y opinen sobre los objetivos propuestos y, si se ve conveniente, que sugieran algún otro o que se modifique la redacción para que se ajuste mejor a lo que se pretende alcanzar.

Los objetivos se elaboran teniendo en cuenta las características del alumnado y la ya descrita taxonomía de Bloom revisada: recordar, comprender, aplicar, analizar, evaluar y crear (Vergara, 2021, pp. 91-93, entre otras referencias). Todas estas operaciones mentales estarán presentes en el conjunto de los objetivos, que están redactados en términos de capacidades. Por ejemplo, *"Seré capaz de…". "Escribir un texto opinando personalmente sobre un relato leído"*, etc.

Así mismo, las **competencias** clave en sus apartados de conocimientos, habilidades y actitudes, están presentes en la redacción de los objetivos de forma implícita y natural. Por tanto, el carácter competencial de este enfoque se ve reflejado y se integra sin tener que recurrir a una programación y evaluación paralela de cada una de las competencias.

Otro elemento en este primer momento es concienciar al alumnado de que el camino que vamos a iniciar tiene una dimensión y una repercusión más allá de nuestra clase, que se relaciona e influye en nuestra sociedad. Por eso, se propone a los estudiantes algún tipo actividad de reflexión personal o grupal que se evocará desde el inicio hasta el final de la unidad. Porque la mirada no es nada abstracto. Es la mirada a un mundo concreto y amplio. La mirada a nuestras metas. La mirada al camino para alcanzarlas. Y es la mirada al compromiso para avanzar con otros.

Segundo momento. El camino: el desarrollo de la Unidad de Aprendizaje

Durante un tiempo determinado de semanas, se realizan diferentes tipos de actividades para trabajar los contenidos de la unidad de aprendizaje. Que se relacionan con los objetivos propuestos.

Para ello, se establece una *secuencia de actividades*, que incluye el trabajo por proyectos, en la que los estudiantes permanecen activos y que tiene en cuenta los cuatro principios didácticos a través de una dinámica reflexiva, interactiva y creativa.

Así mismo, en el desarrollo de cada actividad propuesta en la secuencia, se distinguen diferentes momentos didácticos realizados en agrupamientos variados, como son; el grupo clase, el trabajo individual o el trabajo cooperativo, que incluye parejas, grupos informales de entre tres y cinco estudiantes, y grupos formales. Esta dinámica se expone detenidamente el capítulo 8. Para ello, es fundamental tener en cuenta la adecuada dinámica para esa clase concreta y una buena organización del trabajo en grupo. manteniendo la motivación y suscitando diferentes experiencias de aprendizaje dependiendo del proceso.

Se trata de un proceso flexible pero lógico, con estrategias variadas. Un fluir en el aula que combine los diferentes tipos de actividades que nos propone Héctor Ruiz (2020) en su libro *¿Cómo aprendemos?*

Distinguimos estos cinco tipos de actividades:

- *Explicación*: Presentación de un contenido por parte del docente, que conoce bien la materia y ejerce como mediador, acercando dicho contenido a la zona de desarrollo próximo del estudiante

- *Indagación.* Investigación por parte del estudiante sobre el tema propuesto. El docente orienta esa investigación y proporciona elementos para seleccionar de manera crítica el contenido investigado.
- *Evocación.* El docente, mediante alguna estrategia, realiza una acción para que el estudiante traiga, de la memoria remota a la memoria de trabajo, algún contenido ya visto anteriormente.
- *Consolidación.* Se presentan ejercicios nuevos sobre algo anteriormente trabajado para que se recuerde mejor.
- *Elaboración.* Después de la presentación de algún contenido, el estudiante lo explica al grupo clase utilizando otras palabras.

Como hemos mencionado, en el proceso de la unidad, se incluyen actividades propias de la metodología de proyectos, como son: indagación, investigación, elaboración y exposición a la clase, intercaladas con los otros tipos de actividades mencionadas. Todas ellas, se plasman de una manera lógica para el aprendizaje en la llamada "secuencia de actividades"

Paralelamente a cada actividad, se contempla la forma de evaluar cada una. De esta manera, se lleva a la práctica una evaluación de tipo procesual.

Tercer Momento. El compromiso: la actividad final

La unidad termina con "la actividad final". En ella se recoge de manera globalizada el conjunto de lo trabajado y se promueve un compromiso con la realidad la que se ha contemplado. Se concreta y organiza de muy diversas maneras, dependiendo del trabajo realizado, de la iniciativa de los docentes y estudiantes y del proceso vivido.

Lejos de improvisar y crear algo al margen de lo vivido, dicha actividad será la culminación y recogida de toda la unidad. Para ello, se preparará con los estudiantes previamente, anunciando y clarificando su finalidad, animándolos a aportar ideas y a ser creativos. Puede haber un producto final o no, según el tipo de proyecto realizado, pero la mera exposición del producto final no cumplirá el objetivo de este momento.

Otra de sus características es que contempla de nuevo la realidad trabajada, para reflexionar, analizar y compartir si se ve de manera diferente a cuando se comenzó la unidad, Tras este análisis, es posible suscitar un compromiso que se relacione con la mejora en ese aspecto de la sociedad. Obviamente, dicho compromiso, aunque se plantee de manera grupal, será diferente para cada uno según su experiencia vivida y su proceso personal.

Dependiendo de las circunstancias, recursos y tiempo, la organización de la actividad final puede ser sencilla o más compleja, pero, en cualquier caso, y sin caer en la superficialidad, lo que sí se favorecerá será un ambiente relajado, festivo y celebrativo. Seguidamente, se anuncia la siguiente unidad de aprendizaje…

> Tras finalizar este proceso, el retorno a la realidad cotidiana de tus clases no puede suponer (…) un nuevo periodo lectivo en el que tus alumnos siguen siendo las mismas personas. Comprender mejor la realidad y cambiar como personas debe provocar una transformación visible en ellos que les convierta en ciudadanos más comprometidos con el mundo que les rodea y sobre el que se saben capaces de actuar. (Vergara, 2018, p.150).

2. El clima en el aula y la atención a la diversidad

Después de describir los momentos en la unidad de aprendizaje, creemos necesario volver la mirada a dos aspectos estrechamente relacionados y que sin ellos no sería posible el éxito del apartado anterior. Nos referimos *al clima en el aula* y *la atención a la diversidad.* Sin embargo, pensamos que es más fácil ubicar este apartado tan complejo, pero tan fundamental metodológicamente, después de conocer los momentos concretos mencionados para el proceso de aprendizaje.

Cada individuo es único y, sin embargo, el docente tiene delante, no a uno, sino a un grupo determinado. Por eso, lo primero será fomentar un clima educativo construido sobre una sólida base de respeto, reconocimiento y valoración del ser humano, aprendiendo a convivir en alegría, tolerancia, participación y celebración de la diferencia, respetando los ritmos individuales de trabajo, asumiendo responsabilidades individuales y desarrollando lazos de ayuda y solidaridad entre todos.

En todas las etapas y niveles es primordial crear un clima de pertenencia y trabajo en equipo. Para ello es necesario hablar, escuchar, reflexionar, valorar, consensuar, elegir, acordar, distribuir…, en definitiva, ser equipo. Cada miembro del equipo es necesario y aporta algo único según su talento y nivel de desarrollo. Se respetan las contribuciones individuales y se estimula el avance en el aprendizaje de cada cual según su punto de partida.

Es una dinámica interactiva, en la que los equipos van variando y al final todas las personas trabajan con todas, ayuda al conocimiento y el diálogo necesario para el buen funcionamiento del grupo-clase (ver capítulo 7).

La resolución de conflictos está implícita en el proceso y se aborda con la mayor inmediatez posible. El docente se involucra e involucra al resto de la clase según su implicación. En bastantes ocasiones, como venimos mencionando, es necesario, pedir la colaboración de otros miembros de la comunidad educativa que pueden ayudar de diversas maneras y aportar otros datos que ayuden a esclarecer en parte ese conflicto en la medida de lo posible.

El aprendizaje tiene lugar en la escuela porque está basado en las relaciones, orientadas al aprendizaje, que establecen vínculos de interacción y apoyo en todas direcciones. Una buena convivencia en ese clima de apoyo y positividad marcará la diferencia entre la mera instrucción y la educación para el desarrollo integral de las personas.

Por consiguiente, la *atención a la diversidad* se relaciona directamente con el clima en el aula. El crear este clima de acogida y hogar

© narcea, s.a. de ediciones

es siempre una prioridad para que se produzca un aprendizaje formal. A partir de ahí, las estrategias que utiliza el docente son muy variadas. Dependiendo del nivel de desarrollo de cada uno y de la tarea propuesta, el docente adaptará la realización de dicha tarea si es preciso (*scaffolding*-andamiaje) y revisará los objetivos. De este modo facilitará el contenido para que todos avancen en el aprendizaje y, a la vez, lo perciban.

Para este cometido, consideramos esencial trabajar en aula los valores de: autoconocimiento, autoestima, sensibilidad, reconocimiento del otro, empatía, valoración de la diferencia, respeto, alegría, paciencia, benevolencia, apertura, valentía, responsabilidad individual, coherencia, solidaridad y veracidad. Todo ello impregnado de un ambiente de diálogo, continua reflexión y promoción del juicio crítico.

Es muy conveniente que las familias se involucren en todo este proceso. Consideramos inestimable su colaboración para que este clima sea posible y los estudiantes de esa clase, vean que aprenden y se les atiende personalmente.

A continuación, vamos a fijarnos a modo de ejemplo en un grupo real donde se aprecia la heterogeneidad. Se trata de una clase de 4° de Ed. Primaria (9 años) en un centro público de Madrid. Es su profesora la que nos narra su experiencia:

> *"La clase está formada por 26 alumnos de los cuales 4 presentaban necesidades educativas especiales (ACNEE), 3 alumnos con retraso evolutivo respecto de su edad (de compensatoria), otros 4 con dificultades específicas de aprendizaje (DEA), 1 alumna con altas capacidades (AACC) y otra en espera de resultado del protocolo. Cuatro de estos alumnos eran de nueva incorporación al grupo, por distintas razones.*
>
> *Es evidente que, si la atención a la diversidad es siempre importante, en este caso en concreto era algo primordial para garantizar el aprendizaje de todos. Respetar distintos ritmos, estilos cognitivos, intereses, motivaciones, diferencias personales… era*

vital. La integración del alumnado con necesidades educativas especiales se consigue gracias a varios aspectos que se tienen muy en cuenta a lo largo de la unidad: la motivación, el respeto al ritmo individual de cada alumno/a, la ayuda mutua entre todo el alumnado del grupo que se consigue mediante distintos tipos de agrupamientos, la flexibilidad en el uso de estrategias de aula y la personalización también respecto al resultado esperado en cada estudiante.

Trabajamos a partir de proyectos interdisciplinares que giran en torno a un tema de interés concreto. Las historias y el arte están muy presentes en las distintas unidades, que además son interdisciplinares. Todas mis unidades comienzan con una actividad previa que nos sirva no sólo para motivar sino para conectar con su realidad.

Es preciso crear una necesidad interna en el alumno que incluya ese contenido en su vida personal. Solo así conseguiremos que la motivación inicial sobreviva al esfuerzo necesario para que cada uno de los estudiantes piense: "Este proyecto habla de mí".

La Odisea habla de mí… Todos llevamos dentro un héroe dispuesto a vivir aventuras fantásticas e increíbles, a superar peligros en busca de su Ítaca.

Igualmente sucede en todas las demás unidades de aprendizaje: "La flauta mágica habla de mí". Quién no ha disfrutado de una historia de amor, reinas malvadas, templos de la sabiduría, seres del bosque, dragones, objetos mágicos, retos a superar. Además de ser una excelente ópera de Mozart.

A la par que aprendieron de un modo significativo sobre matemáticos, artistas, científicos, el jazz, arquitectura…, los alumnos disfrutaron pintando murales gigantes en el suelo mientras escuchaban jazz y descubrían el expresionismo abstracto, grafiteando en vertical con Keith Haring, resolviendo retos matemáticos y descubriendo en la naturaleza y en al arte espirales de Fibonacci…"
(A.V. profesora de 4º de E. Primaria).

A modo de síntesis, enumeramos los elementos que el docente debería considerar para que se produjera una real *atención a la diversidad:*

- Despertar la motivación por el tema. Conseguir que sientan que el tema de interés es importante para cada uno.
- Estimular el trabajo de cada cual.
- Hacer un seguimiento personal del trabajo (*feedback*) y "andamiaje" según se requiera.
- Cuidar el ambiente en el aula. Conseguir la sensación de trabajo conjunto.
- Aplicar estrategias y recursos variados con un nivel claro de "improvisación" según se requiera.
- Propiciar la ayuda entre iguales con distintas dinámicas de aula, mediante un progreso en el que al final se dé una interacción entre toda la clase.
- Implicar a las familias en el trabajo de alguna forma según circunstancias.
- Respetar el trabajo y el ritmo personal. Por ejemplo: No todos los estudiantes tienen que dedicar el mismo tiempo a su exposición, ni el resultado tiene por qué ser el mismo para que sea correcto, sino que pueden conseguirse los objetivos de diversas maneras según el proceso personal.
- Valorar lo conseguido personalmente y como grupo.

Finalmente, inspirándonos en palabras de Josep Manel Marrasé (2021, p. 51), proponemos la valoración de cada individuo como parte de una gran orquesta, en la que se contempla el conjunto, el sonido colectivo y, a la vez, cada elemento aporta su valor individual. Así, la pieza musical suena de modo armónico dejando siempre lugar para el diálogo y la improvisación. Para ello, es necesario un buen director con dominio de su materia y con la gran responsabilidad de gestionar que la música fluya en el aula.

3. La evaluación

Este aspecto metodológico manifiesta una manera de abordar la práctica de la evaluación en coherencia con los planteamientos educativos expuestos. Lo primero que tenemos que clarificar es qué entendemos por evaluación y la diferencia entre esta y la calificación. Mientras la calificación consiste en aplicar un baremo establecido de antemano de acuerdo con unos resultados obtenidos en un momento determinado, la evaluación formativa que proclamamos constatará el cambio que va consiguiendo el estudiante en el proceso de enseñanza-aprendizaje, y de qué forma va alcanzando los objetivos propuestos y las competencias clave que así mismo reflejan.

El enfoque integrado opta por una *evaluación formativa* entendida como aquella que contribuye a dar al alumno un elemento de reflexión sobre el grado de aprendizaje que va consiguiendo durante el proceso. Por eso, siempre discurre al mismo tiempo que las actividades propuestas en la secuencia y va en consonancia con los objetivos, que son las metas a alcanzar.

Según la finalidad específica del momento en el que se encuentre el proceso, se distinguen tres tipos de evaluación. Consideramos que los tres son importantes para llevar a cabo una la evaluación formativa:

1. *Evaluación inicial.* El docente reúne información sobre el punto de partida de sus estudiantes con respecto a los objetivos que se proponen para la unidad y de, esta forma, partir de sus conocimientos previos. Para que sea efectiva, es conveniente que vaya incluida en las primeras actividades dentro de la secuencia. Lejos de ser un examen, el docente, mediante alguna estrategia motivadora, ayudará al estudiante a recordar lo que ya sabe sobre ese tema y, de este modo, partir de lo que realmente conoce.

2. *Evaluación durante el proceso.* Es el momento de la unidad que hemos denominado "El camino". (ver apartado 1 de este capítulo). Los procedimientos evaluativos transcurren paralelamente

© narcea, s.a. de ediciones

a las actividades y se integran en las mismas. De esta forma, el estudiante podrá conocer hasta qué punto está consiguiendo los objetivos y qué tiene que hacer para mejorar.

3. *Evaluación final.* Al final de la unidad, se hará *una recogida de información más global*, no solo en cuanto a conceptos se refiere, sino sobre lo aprendido en el proceso. La realidad trabajada y los objetivos de la unidad, donde se reflejan también las competencias clave, serán de nuevo objeto de reflexión y evaluación personal y grupal. Las formas de llevarla a cabo pueden ser muy diversas dependiendo de las características de la unidad, en qué consista la "actividad final" y de las estrategias e instrumentos de la evaluación utilizados durante el proceso. La *evaluación final* nunca consiste en un "examen", ni puede confundirse con el llamado "examen final" en donde solo aparecen algunos conceptos trabajados y se basa en preguntas escritas. Ese tipo de pruebas se han podido realizar en un momento de consolidación durante la unidad, como queda reflejado en las unidades de aprendizaje del capítulo 8, pero no pueden sustituir a la evaluación final que tiene el cometido de evocación y recogida.

Dada la relevancia de los errores para avanzar en el aprendizaje, el *feedback* del docente tiene una importancia de primer orden. Las investigaciones recogidas en el libro *Aprendizaje visible* de John Hattie, demuestran que un *feedback* que permita que el alumno vaya por buen camino para enfrentarse a los retos debidamente, es el factor determinante para que se produzca el aprendizaje del estudiante (p.13).

En el enfoque integrado, el *feedback* como elemento evaluativo se hace necesario para proporcionar confianza al estudiante al tiempo que lo anima a seguir mejorando en un entorno seguro. Esta retroalimentación docente-estudiante ha de ser continua y, a ser posible, inmediata para una mayor eficacia. El estudiante sentirá que esa información es personal y que le ayuda a mejorar y seguir avanzando en su aprendizaje. Además, le servirá de motivación para lograr nuevos desafíos.

© narcea, s.a. de ediciones

El reto del docente, ahora, será cómo dar esa información personal dentro de un grupo-clase, que suele tener un número elevado de estudiantes. Aunque no es algo fácil, sabemos por experiencia que dependerá, en gran medida, de la dinámica que se lleve a cabo en el aula. Con una dinámica interactiva, el docente tendrá más ocasiones para acercarse a cada estudiante y constatar su progreso y darle pautas para corregir sus errores y seguir avanzando. La atención a la diversidad se logrará a través de este seguimiento. Además, no debemos olvidar el papel de la *autoevaluación* y la *coevaluación* como factores positivos para conseguir una evaluación completa. (Ver capítulo 7, apartado 2 "Dinámicas interactivas").

En el capítulo 8, en el que hablamos sobre las Unidades de Aprendizaje, se puede ver cómo, junto a la secuencia de actividades, se encuentra el procedimiento de evaluación para cada actividad. De todas formas, estos procedimientos son muy variados dependiendo del grupo, del contexto y de la habilidad de cada docente para implementarlos.

Por tanto, lo siguiente que abordaremos aquí son los *procedimientos e instrumentos de evaluación*. De la misma manera que cuando afrontamos el diseño de una secuencia de actividades debemos tener en cuenta las características del alumnado y, por tanto, las distintas secuencias mostrarán sus correspondientes diferencias, de igual modo debemos hacer cuando afrontamos el diseño de los procedimientos de evaluación.

Enumeramos distintos ejemplos de *instrumentos de evaluación*:

- Observación sistemática.
- Pautas para la realización de ejercicios.
- Rúbricas que concretan las pautas proporcionadas.
- Comprobación rápida de los diferentes ejercicios.
- Directrices para la reflexión sobre lo aprendido.
- Pruebas objetivas de diferentes formatos y ejercicios con respuesta única.

© narcea, s.a. de ediciones

- Pruebas escritas competenciales (resolución y análisis de problemas, redacciones, resúmenes, aplicación y valoración de situaciones...)
- Pruebas orales (presentación de un tema, entrevistas, dramatizaciones...)
- Juegos diversos con materiales variados.
- Juegos y ejercicios con aplicaciones TIC que proporcionen un *feedback*.
- Diario de aprendizaje.
- Portfolio.
- ...

Otro elemento que ayuda a la evaluación es el llamado "Cuaderno del Profesor" donde el docente va anotando la información recabada tras el *feedback* realizado. Existen varios modelos que ofrecen las editoriales o que los centros facilitan. Sin embargo, es mucho más efectivo que sea el usuario quien elija o cree el formato que le sirva de mayor ayuda y que se base en las razones pedagógicas que más se ajusten a su criterio y modo de ser, puesto que, la recogida de datos de sus estudiantes es una responsabilidad personal del docente que debe asumir sin miedo. Así pues, en su cuaderno, el docente registrará todo lo que considere pertinente sobre el progreso de cada estudiante en cuanto a la consecución de los objetivos, y escribirá las observaciones que crea oportunas para, así, poder recordar lo que le está ayudando a su mejora o retrasando la misma.

Abordamos en este momento el tema de *la calificación*. Hemos comenzado este apartado haciendo una distinción entre evaluación y calificación y nos hemos centrado en la primera, pues es fundamental en el proceso de aprendizaje, al contrario que la calificación, que, según muchos estudiosos del tema, no es en absoluto necesaria para ello. Cabe preguntarnos, pues, ¿por qué calificamos?

Calificamos por varios motivos. En primer lugar, tenemos un baremo establecido oficialmente de manera obligatoria, y la calificación de cada estudiante pasará a su expediente. Por tanto, es lógico que las familias deseen saber las calificaciones con respecto a ese baremo oficial. Como consecuencia de ello, los propios estudiantes demandan ser calificados e informados. Es necesario calificar; ahora bien, la calificación siempre tendrá que ir de la mano de la evaluación. Solo así, se corresponderá realmente con el aprendizaje que el estudiante ha llevado a cabo.

Finalmente, nos reafirmamos en que, para evaluar y calificar según esta propuesta, se necesita crear un ambiente seguro en el que el estudiante nunca se sienta humillado sino ayudado en su progreso. Se requiere un clima positivo donde el error no sea penalizado, sino que sirva para aprender mejor. Un clima en el que las actitudes predominantes en el aula sean la alegría, la valoración del otro y el saber que todas las personas aprendemos unas de otras.

6. Tecnología, materiales y espacios

1. La tecnología en el enfoque integrado

Los materiales que se utilizan en el aula en este enfoque integrado van en consonancia con todo lo expuesto anteriormente. Por tanto, dedicamos un capítulo a este tema porque todos los recursos que se mencionan forman parte indivisible de todo el conjunto. Evidentemente, no se puede obviar el cambio sustancial que el uso de las tecnologías ha supuesto y sigue suponiendo en el conjunto de toda actividad humana, y, por tanto, en educación. De ahí que comencemos el capítulo con estas consideraciones sin por ello dejar de mencionar el resto de los recursos que, aunque no siempre novedosos en su forma, sirven para dar sentido y contenido a nuestro planteamiento.

La tecnología se ha desarrollado en los últimos años de forma intensa y rápida y, en la docencia, el contar con unos recursos que eran insospechables en el pasado ha supuesto una gran diferencia. La tecnología nos permite acercar el aula a nuestro mundo con numerosos medios, tales como documentales, imágenes, vídeos, juegos, presentaciones variadas, información pertinente, etc. Por eso, consideramos que el avance tecnológico ha supuesto un recurso enormemente útil y que, además de ayudarnos en algunas tareas, puede facilitar en gran medida el principio didáctico de la conexión del aula con la vida.

Sin embargo, la tecnología digital es una herramienta tan potente que merece una reflexión más pausada, de ahí el que hayamos querido dedicarle un apartado especial en este capítulo sobre el enfoque metodológico.

> La adopción de la tecnología digital ha provocado muchos cambios en la educación y el aprendizaje, pero se puede debatir acerca de que la tecnología haya transformado la educación como muchos afirman. (UNESCO, 2024).

Actualmente, ya hay docentes programando clases en el metaverso que pueden sustituir, por ejemplo, a las prácticas de laboratorio.

Dichas sesiones digitales ahorrarán la rotura de más de una probeta, pero ¿serán tan efectivas para despertar las vocaciones de nuestros futuros científicos?

La experiencia de la enseñanza en remoto durante la pandemia y el posterior proceso llevado a cabo para acreditar digitalmente al profesorado atestiguan que las tecnologías digitales se consideran en la actualidad parte de las competencias profesionales docentes.

El enfoque integrado defendido en este libro aboga por una síntesis entre el deseo de aprender y los canales utilizados, entre los que se encuentran los instrumentos digitales, que llevan al conocimiento. Las tecnologías digitales, a las que damos la bienvenida puesto que nos ayudan en nuestro trabajo, son un mero instrumento, no un fin en sí mismo. "Un instrumento que no es neutral, y por eso hay que utilizarlo adecuadamente" (Cortina, 2024, p. 207).

Para entenderlo, comparemos la situación actual con el inicio de la era tecnológica en materia de lengua extranjera cuando a mediados de los años sesenta aparecieron los laboratorios de idiomas, la grabadora o el proyector de transparencias. El alumnado de entonces también se asombró ante lo que se consideraba en aquella época innovaciones revolucionarias. Y no era para menos, puesto que las cintas de cassette permitieron la incorporación de voces nativas en el aula. En aquel entonces hubo también quien consideró el material audiovisual como un método y no como un recurso.

Ken Robinson utilizó el concepto de *fast food* para criticar un modelo de escuela que mataba la creatividad empobreciendo nuestro espíritu, de la misma forma que la comida rápida, carente de nutrientes, debilita nuestros cuerpos. Podemos también utilizar esta imagen para mirar de una manera más crítica la velocidad aportada por las tecnologías digitales a la educación. Nuestra sociedad sacraliza la tecnología pues asociamos los beneficios derivados de la rapidez que nos proporciona a la idea de eficacia. Muy tentador todo ello para quien tiene una idea utilitarista de la escuela, pero no tanto para quienes abogamos por el diálogo y la reflexión, incompatibles con el culto a la inmediatez, como apunta Marrasé (2024): "La revolución digital no es la panacea de la escuela y el docente no es un mero gestor tecnológico". Cuando este autor compara las aulas con un organismo vivo expuesto a procesos de desequilibrio que requieren que, como educadores, actuemos para regularlos, podríamos afirmar que la tecnología puede tener en ocasiones, como lo han tenido otros recursos más tradicionales, la función que tienen los medicamentos sobre el cuerpo humano, para reconducir situaciones de vorágine, imprevistos, como sucedió en 2020 en una situación que no esperábamos con la cancelación de las clases presenciales con motivo de la pandemia.

También puede ocurrir que busquemos la compensación de otros desequilibrios, como los producidos por grupos con diferentes niveles de habilidad en una materia dada o adaptaciones que tengan que ser más personalizadas y que puedan hacer frente al gran abanico de dificultades de aprendizaje.

Pero detrás de cada nueva aplicación tecnológica que un profesor decida utilizar, estará su maestría, su saber hacer en forma de decisiones conscientes y meditadas que tengan en cuenta la situación concreta y la individualidad del alumnado. De lo contrario, aplicar la tecnología de forma superficial puede dar una falsa sensación de lucimiento –como un llamativo envoltorio que esconde un regalo insustancial– pero no aportar nada a la complejidad del proceso de aprendizaje.

Las tecnologías digitales nos pueden proporcionar materiales diversificados, pero siempre para ser utilizados en situaciones concretas donde nos proporcionen una ayuda evidente en el proceso de enseñanza-aprendizaje. Abordar cómo debemos educar en la era de la inteligencia artificial (IA) implica profundizar más allá. La omnipresencia digital en nuestra sociedad actual hace que la tecnología afecte a todas y cada una de las seis dimensiones educativas mencionadas en el capítulo 1. Las líneas que ofrecemos a continuación pretenden ayudar a una reflexión en su interconexión con las mismas.

2. Conexión entre la tecnología y las seis dimensiones del enfoque integrado

- *Dimensión ética*. ¿Cómo casan las tecnologías digitales con una formación integral del ser humano basada en la ética, la curiosidad y el análisis crítico cuando hablamos de educación? Y lo que es más importante, ¿puede la IA infundir valores? Como indica Marrasé (2024) llega en un momento en el que la IA se ha minimizado en los planes de estudios el papel de la ética, de la filosofía y de las ciencias sociales. Es decir, precisamente aquellas disciplinas que nos ayudan a preguntarnos por lo que es bueno y lo que es verdad. Podemos poner a las *fake news* como ejemplo de lo imprescindibles que se hacen los valores humanistas para educar a nuestros jóvenes en una sociedad que idolatra la tecnología de la información. Además, se hace necesario prevenir desde el aula el discurso de odio en internet, algo que solamente se puede hacer desde la educación en valores.

- *Dimensión estética*. El humanismo que acabamos de mencionar en la dimensión anterior, también nos lleva *lo bello,* concepto desde el cual en nuestro enfoque llegamos al principio didáctico de "la acción creativa" del que hemos hablado en el capítulo 2. Frente al uso y abuso de las nuevas tecnologías, nos preguntamos: ¿corre peligro la capacidad creativa del ser humano? ¿Hasta dónde tiene que intervenir la IA para que se pueda seguir diciendo que nuestros jóvenes son capaces de crear algo bello por ellos mismos?

- *Dimensión emocional*. Al poner en una balanza las bondades y perjuicios de la tecnología, la adicción que esta provoca hace que se incline hacia aspectos que en nada favorecen el desarrollo emocional de nuestros jóvenes. No obstante, parte de nuestra maestría es revertir la situación y utilizar la seducción que ejerce para despertar intereses, actitudes y emociones que favorezcan el aprendizaje.

- **Dimensión corporal.** Los planes digitales de cada centro educativo deberían promover un uso racional, responsable y ajustado de la tecnología, que ponga límites a las horas que un menor pasa frente a las pantallas. Además de poner en tela de juicio el que nuestros jóvenes utilicen solamente pantallas para trabajar en la escuela, creemos que la *Netiqueta* que se aplica en el mundo de los adultos debería también seguirse con nuestro alumnado, quien, por ejemplo, solo debería recibir comunicaciones de sus profesores relacionadas con deberes durante el horario escolar. Queremos también, desde esta dimensión, poner el foco en el alumnado que tiene limitaciones visuales o auditivas para acceder al conocimiento. Uno de los principios fundamentales del *Diseño Universal para el Aprendizaje* (DUA) tiene que ver con proporcionar múltiples medios de representación, es decir, con las diferentes formas de presentación de los contenidos. En este sentido, la tecnología ofrece materiales que ayudan en la visualización de la información.

- **Dimensión intelectual.** Siendo coherentes con el sentido que pueda tener en nuestras clases, la tecnología puede ayudarnos a dinamizar nuestras aulas y ser utilizada en diferentes estrategias para optimizar el aprendizaje. Por ejemplo, puede ayudar a facilitar los contenidos a nuestro alumnado o también a que tome conciencia de su avance y evolución. Por otro lado, luchar contra las noticias falsas o *fake news* de las redes, como hemos mencionado más arriba, tiene cabida en esta dimensión; se hacen necesarios los talleres de alfabetización mediática donde fomentemos el pensamiento crítico desmontando la desinformación. Enseñemos a nuestros jóvenes a identificar fuentes fiables de tal modo que les orientemos en la utilización de estrategias y herramientas apropiadas para gestionar la información de una forma crítica y responsable. Además, en la línea del DUA, como hemos señalado en la dimensión corporal, podemos utilizar la tecnología para atender a la pluralidad de capacidades y situaciones que se nos presentan: desde alumnado con trastornos de aprendizaje hasta altas capacidades. Aunque es debatible, se podría afirmar que la tecnología puede ayudar a mejorar el nivel de atención del alumnado, o que, aprovechando el interés que despierta, nos sirve para presentar una determinada unidad moviendo emociones, curiosidad y asombro. Pero, y a pesar de encontrarnos con nuevas aplicaciones cada día, a nuestros pequeños nativos digitales, a nuestros *screenagers*, no les impresiona ya cualquier cosa. Recordemos las caras de asombro en aquella clase en la que encendimos por primera vez una pizarra digital, o la primera vez que utilizamos material de un libro digital. Ahora lo hacemos todos los días y es una rutina más del aula.

- *Dimensión relacional.* La interacción y la conversación forman parte del ADN del aprendizaje. Esto es en gran medida porque la educación es ante todo una relación no solo entre educador y educando, también entre iguales. Estas relaciones no están exentas de conflictos que en ocasiones llegan a resolverse en la escuela, aunque se hayan originado previamente en redes.

En este sentido, a comienzos del curso 2024-2025, asistimos a noticias que ponen en peligro a uno de los protagonistas de esa relación, el docente, pues ya hay algún centro que ha decidido sustituir a los profesores por la IA, dejando al profesorado como mero gestor tecnológico en el mejor de los casos. No se nos dice, sin embargo, qué enfoque teórico que garantice mínimamente la adquisición de conocimiento, o explique cómo promover con éxito las competencias, se van a seguir. Tampoco se menciona ningún método que implemente dicho enfoque y por tanto describa los tipos de actividades y su secuenciación, los roles de educador (en este caso la IA) y educando, o si el único material que se usará será el ordenador.

¿De verdad creemos que la IA puede sustituir a un buen maestro? ¿Puede la tecnología aportar sensación de pertenencia al grupo? ¿Proporciona acompañamiento? ¿Tiene la IA la necesaria intuición que lleva al docente a detectar los pequeños gestos que delatan el acoso escolar o la suficiente capacidad de antelación como para evitar esa situación?

La escuela no puede ignorar el mundo de la tecnología pues sería entonces ajena al mundo que nos rodea y, aún peor, a la realidad de nuestro alumnado. No obstante, afrontar esta realidad no significa tener que estar condicionada por ella. El mero hecho de acoger la innovación tecnológica no hace que una escuela sea mejor. Guiar a nuestro alumnado a encajar en un mundo tecnológico se hace inevitable y pertinente, pero no dejemos de fomentar el diálogo, la conversación y el espíritu crítico. Sin duda, esto ayudará a nuestros estudiantes a ser hombres y mujeres verdaderamente preparados para afrontar el hoy y el mañana.

3. Aproximación a los materiales

Hoy en día, en el aula tenemos acceso a una gran variedad de recursos que nos facilitan la tarea de incorporar materiales audiovisuales y todo tipo de información actualizada en nuestras clases. Sin embargo, y desde nuestro enfoque integrado, nos parece, y hemos comprobado, que estos recursos basados únicamente en el uso de las tecnologías que dependen de la energía eléctrica y de la conexión a internet, nos resultan limitados si queremos dar una dimensión realmente humana y cercana a nuestras clases.

Lo cierto es que, aun valorando y aprovechando las posibilidades que nos ofrecen los recursos digitales, seguimos usando y disfrutando de los materiales físicos a los que podemos acceder por medio de todos nuestros sentidos. Además de la vista y el oído, necesitamos el tacto, el olfato y la interacción física con objetos reales y también con nuestros semejantes. Además, ¿quién no se ha visto sorprendido por un fallo en los aparatos electrónicos y ha tenido que reconducir la actividad hacia un modo mucho más "analógico"?

Por otro lado, mucho más importante y trascendental, la gran variedad de otros recursos que podemos utilizar nos proporciona más riqueza y un sentido educativo más amplio y cercano, además de que aporta otro tipo de motivación muy distinto al que nos ofrecen las pantallas. Desde este enfoque, un docente debe disponer de un bagaje personal y una buena disposición creativa para, con muy pocos materiales o muy sencillos, ser capaz de establecer una conexión entre los objetivos de aprendizaje y las actividades que debe realizar en clase con sus estudiantes. Por supuesto, la inmediatez de una noticia de actualidad o la posibilidad de descargar unas imágenes o unas audiciones relevantes a través de internet resulta realmente útil; y, actualmente, ya nos cuesta imaginarnos el no poder hacerlo.

Nuestro planteamiento es ecléctico porque incorpora todas las posibilidades que los tiempos presentes nos ofrecen y aprovecha los innumerables recursos y materiales de fácil acceso, tanto los que proporciona la tecnología como los, mal llamados, tradicionales.

Contamos con una heterogeneidad de recursos que nos acompañan desde que dirigimos la mirada de nuestro alumnado a la realidad elegida en una situación de aprendizaje hasta que vamos dando los pasos necesarios que nos encaminan a conseguir los objetivos propuestos.

A continuación, esbozamos algunas ideas sobre cómo conectan los materiales que elegimos y cómo decidimos utilizarlos de acuerdo con las dimensiones de nuestro enfoque.

Los materiales en relación con las seis dimensiones

Dimensión ética. Parte del compromiso que adquirimos como educadores tiene que ver con la pertinencia de los materiales. Estos deben estar alineados con los objetivos que nos hemos marcado y no como un simple medio de divertimento. Por otro lado, la elección de materiales para nuestras actividades debería incluir una reflexión sobre la ética medioambiental que nos lleve a elegir materiales reciclados como puede ser el papel.

Dimensión estética. Ante un nuevo entorno o imagen, el ser humano es muy sensible a esta dimensión y frecuentemente, la primera sensación que percibimos es la de si ese objeto, sonido o representación física es bella o desagradable. Por eso consideramos que los materiales deberían estimular el gusto por lo bello y educar en este sentido. Esto incluye la presentación del cuaderno, la decoración del aula y los diferentes materiales aportados o producidos durante el proceso.

Dimensión emocional. Los trabajos de nuestro alumnado que convertimos en material para decorar el aula cuando los exponemos en las paredes son un refuerzo para su autoestima. De la misma forma el cuidado con el que se elabora un cuaderno influye también en el autoconcepto.

Dimensión relacional. Por un lado, además de los recursos físicos, tenemos los recursos humanos. Por ejemplo, un auxiliar de conversación en una clase de lengua extranjera o el profesorado de otras asignaturas con los que colaboramos en proyectos interdisciplinares. Por otro lado, contamos con materiales que nos ayudan a diseñar actividades colaborativas. Desde fichas hasta una pelota que el grupo se vaya pasando para establecer turnos en una determinada actividad. La organización del mobiliario puede favorecer o no la interacción entre estudiantes. Otro aspecto importante a tener en cuenta en esta dimensión es la relación entre los materiales y la exclusividad. De la misma forma que elegimos diferentes tipos de actividades para cubrir los diferentes estilos de aprendizaje de nuestro alumnado, elegimos los diferentes recursos que mejor conecten a nuestros estudiantes con la dinámica de la clase. En este sentido, los materiales son un apoyo para el Diseño Universal de Aprendizaje, en tanto y en cuanto proporcionan múltiples formas de representación.

Dimensión corporal. Conectando con la idea anterior, son los materiales los que ayudan a la visualización de la información y los que, por ejemplo, nos ofrecen alternativas para ayudar al alumnado con problemas visuales o de audición.

Dimensión intelectual. Los materiales que han sido seleccionados con un propósito y que son adecuados para las capacidades del alumnado estimulan el desarrollo de las estrategias de aprendizaje.

Diversidad de materiales

A continuación, reseñamos distintos recursos que consideramos relevantes, algunos de los cuales también podemos encontrar en formato digital (libros, imágenes, etc.) Como ya hemos mencionado, es bueno para nuestra experiencia educativa incorporar todos los materiales a nuestro alcance que puedan enriquecer la práctica docente.

El libro de texto. Valoramos la importancia del libro de texto, aunque nunca debería ser considerado como único material que hay que aprenderse de principio a fin. Los libros de texto están publicados para ser utilizados en un contexto universal y todos sabemos que no hay dos clases iguales. Sería incoherente si se utilizaran de modo rígido y consideramos que su uso debe ser flexible y adaptado a la realidad y características de cada aula. Ya sea en formato digital o en papel (o ambos formatos), los libros han sido diseñados por equipos de expertos en sus materias que se asesoran y tienen en cuenta los currículos oficiales vigentes en cada momento. Es importante elegir el que más se adapta a nuestros planteamientos pedagógicos. Un buen libro de texto resulta realmente útil para establecer una organización de los contenidos, además aporta textos y actividades relevantes.

En este sentido, consideramos pertinente citar el informe de seguimiento de la educación en el mundo UNESCO (2016):

> Los docentes necesitan los libros de texto como ayuda para orientarse respecto de lo que tienen que hacer en el aula, del mismo modo que los estudiantes lo necesitan como apoyo de la experiencia de aprendizaje en su totalidad.

Nos parece importante que el formato en papel sea un referente para los estudiantes de manera que puedan consultarlo, subrayarlo, hacer anotaciones, relacionar contenidos anteriores y posteriores o realizar ejercicios. En otras palabras, que pueda ser personalizado y les sirva como instrumento para el repaso, estudio o inspiración[2].

---

[2] En caso de que dicho libro tenga que ser utilizado por otras personas y no pueda escribirse en él, existen distintas opciones, como, por ejemplo, intercalar hojas

Libros de consulta y lectura. En todas las aulas siempre habrá situaciones y ritmos diferentes en el aprendizaje y es bueno disponer de una sencilla biblioteca de aula con libros de lectura y consulta que ayuden a reforzar determinados conceptos en un momento dado y también a los que estudiantes puedan acudir en diversas situaciones: cuando necesitan momentos de tranquilidad y reflexión o si finalizan una actividad individual y tienen tiempo libre para ello. De este modo, si al estudiante se le ofrece la opción de elegir un momento o un tema de su interés, favorecemos que desarrolle una actitud favorable hacia el hábito de la lectura.

Cuando se proponen libros de obligada lectura para toda la clase nos parece que el objetivo debería ser favorecer el disfrute y el amor por la lectura. Nuestra experiencia nos ha demostrado que las puestas en común en clase, relacionando los acontecimientos con la realidad circundante y hasta poniéndonos en la piel de este o aquel personaje, han resultado en clases vivas y una relación más personalizada con el autor, su obra y las historias que cuenta. Por el contrario, cuando se les dan unas fichas que tienen que completar en una fecha concreta, en muchos casos se limitan a copiarlas y, según testimonios de los propios estudiantes, les produce un efecto de rechazo completamente distinto al deseado.

Pizarra. Aunque es importante disponer de una pizarra digital interactiva, nos parece que la pizarra "tradicional" debe seguir teniendo un lugar preferente en el aula y ser de un buen tamaño. Este elemento forma parte de la idiosincrasia de toda aula y permite, con el simple uso de una tiza o de un rotulador, ilustrar, exponer, destacar y compartir instantáneamente cualquier concepto por parte del docente y de los estudiantes. En las dinámicas interactivas resulta muy útil para compartir el trabajo individual o en pequeños grupos de forma rápida y eficaz. Por ejemplo, si dividimos la pizarra en distintas

---

en las que sí se puedan hacer anotaciones y así personalizar el libro de texto sin inutilizarlo para futuros usuarios.

© narcea, s.a. de ediciones

columnas, varios estudiantes, uno por cada equipo, pueden escribir a la vez los resultados de su trabajo para compartirlo y compararlo con el resto de la clase. Sería tan disparatado utilizar este elemento como único recurso en el aula, al modo tradicional, como desecharlo por "antiguo" y así desaprovechar sus múltiples posibilidades.

Juguetes y objetos reales. Su enumeración sería infinita. Basta nombrar el sencillo ábaco o las regletas de colores, piezas de construcción, pelotas o bolas, figuras de personajes o marionetas para crear o recrear situaciones, para trabajar con conceptos abstractos, para imaginar historias o centrarnos en fórmulas, químicas o matemáticas o incluso para indagar en cómo o quienes inventaron o desarrollaron artículos cotidianos o fantásticos. Si, además, algún objeto es aportado por los estudiantes, eso hace que se sientan más motivados e implicados en la tarea correspondiente. Habiendo destacado la importancia de usar los sentidos, estos materiales manipulativos, que aportan diferentes formas, texturas, olores y hasta emociones, son indispensables y ayudan a crear una atmósfera cercana y motivadora como ningún otro.

Cuadernos y material de escritura. Resulta fantástico comprobar la facilidad y velocidad con la que muchos estudiantes son capaces de escribir usando un teclado incluso sin presionar sobre los signos, simplemente deslizando el dedo sobre una pantalla táctil. Sin embargo, es importante que se siga usando el papel y lápiz o bolígrafo por los mismos motivos que hemos mencionado en la introducción. La caligrafía de una persona es única y representa rasgos de su personalidad e incluso de su estado de ánimo.

Aunque sea muy ágil escribir con el ordenador, mejor no dejar de hacerlo, también, a mano. Aquí hay trazo, dibujo, el movimiento de la mano es un entrenamiento para todo. Escribir es como hablar. Las palabras se producen a partir del gesto de la mano o del gesto de los labios, invitan a ser escritas o dichas. Y al repetirlas notamos que se hacen más nuestras. Viene bien copiar. Hacer resúmenes, tener cuadernos. Al copiar, además del gesto de la mano, la palabra resuena.

Las frases "se quedan" es decir, se quedan contigo (Esquirol, 2024, p. 99).

Nuestro enfoque siempre tiene en consideración al ser humano en su integridad, por lo que siempre proponemos que se cuiden y valoren todos sus aspectos. Uno de ellos es aprender con todos los sentidos y respetar su unicidad. En este sentido hay muchas situaciones de aprendizaje en las que el cuaderno del alumno es un instrumento muy valioso porque permite y ayuda a concentrar varias destrezas y habilidades. En un portfolio de papel se pueden incluir textos, recortes, selección de trabajos y tener recogido, a modo de archivo, material valioso y muy personal realizado durante el proceso de cada unidad de aprendizaje. Cada portfolio o cuaderno del alumno debe estar personalizado y reflejará no solo el progreso sino también la impronta personal de cada estudiante. Es muy útil para evocar las experiencias vividas a lo largo del curso; facilita que se pueda consultar directa y fácilmente y además, compartir lo trabajado y aprendido con compañeros y familias.

Fotografías y posters. Las fotografías forman parte de nuestro día a día, las encontramos en todas partes y nos acercan a las distintas realidades circundantes, ya sean de personas, paisajes o cualquier objeto. Se pueden utilizar en formato digital, proyectadas, o en papel para su manipulación en el aula. Su magia radica en que nos transportan a distintas épocas, ya sean de nuestra vida o la de otras personas, tanto en el espacio como en el tiempo. Además de su uso como material didáctico, las fotografías resultan muy útiles para decorar el aula y repasar contenidos. Quizás pocos recursos como este, nos resultan tan adecuados para trabajar con la dimensión estética en nuestras clases.

Imágenes en movimiento. Hablamos aquí del uso de fragmentos de películas o documentales, anuncios publicitarios o video clips musicales. Este material es realmente atractivo para centrar la atención. Puede servir, entre otras cosas, como introducción a una unidad de aprendizaje o como modelo en cuanto a expresión oral y corporal.

Se puede explotar de múltiples maneras, por ejemplo, ocultando las imágenes para que intuyan su contenido mediante el sonido, o al revés, quitando en sonido para que rememoren la imaginen. La creatividad del docente y los estudiantes sabrá aprovechar las ventajas del uso de este recurso.

Destacamos el arte del cine como recurso para el aula que aporta valores estéticos, culturales, narrativos además de que nos habla de situaciones en espacios y tiempos distantes y cercanos, refleja distintas culturas y constituye un espejo de la nuestra. Ni que decir tiene que su uso no puede limitarse a "les pongo una peli" sino que debe estar totalmente integrado en el objetivo y tema que queremos trabajar en un momento concreto.

Juegos. *P*ueden ser, evidentemente, juegos de todo tipo, con muy diversos materiales o en modo digital. Juegos que emulan concursos de TV, o sencillos juegos de mesa, como barajas de cartas, bingo o dados con diferentes motivos. Se pueden utilizar con diversos fines: introducción de temas o vocabulario, resolución de problemas, creación de historias, juegos matemáticos, etc. Mencionamos expresamente los *escapes rooms* que pueden ser físicos o virtuales y diseñarse con múltiples temas, desde la magia hasta el misterio y para diferentes materias. Esto permite un aprendizaje transversal significativo.

Los juegos son muy bien recibidos por los estudiantes porque añaden un punto lúdico a las clases fomentando la interacción de unos y otros en el aula. Además, por el hecho de tener que seguir unas reglas, ayuda a desarrollar la autodisciplina, respetar el turno, y aporta un grado de competitividad que puede resultar estimulante en muchos casos.

Material para experiencias y laboratorio. Especialmente en las áreas de ciencias como física, química, ciencias naturales y afines, pero no exclusivamente en ellas, resulta indispensable disponer de acceso al laboratorio específico y tener la oportunidad de manipular todo tipo de instrumentos y elementos que faciliten la experimentación y el trabajo científico. Sin menoscabo de la importancia de la explicación o la visualización de documentales expositivos, la experimentación es claramente indispensable para aprender.

Instrumentos musicales. Ya sean sencillos o complejos, o incluso fabricados por los propios estudiantes, los instrumentos musicales ayudan, en muchas ocasiones, a crear situaciones de relajación o actividad y, por supuesto de aprendizaje. Pueden ser usados por el docente, pero también por los propios estudiantes cuando la materia o la actividad lo permita, y siempre que el docente considere que su uso es perfecto para una actividad determinada.

Materiales para expresión plástica. El uso de láminas, rotuladores de colores, pegamento, tijeras y otros materiales está claramente indicado para la expresión plástica. Ayuda a centrar la atención y desarrolla la dimensión estética de las personas. Además, es realmente útil para elaborar trabajos en equipo en los que cada participante puede aportar una destreza especial. Insistimos en que el hecho de manipular y experimentar con diferentes texturas a la hora de realizar algunas actividades potencia y favorece la capacidad de aprender.

Material fungible y de reciclado. Durante bastante tiempo, ha predominado la cultura de "usar y tirar". Afortunadamente, nos hemos dado cuenta del error que esta manera de actuar ha supuesto para la conservación de nuestro entorno y existe cada vez más conciencia de la necesidad de optimizar los materiales disponibles porque los recursos son limitados y costosos. Por ello es muy importante utilizarlos del modo más eficiente posible incluyendo los principios de reutilizar, reducir y reciclar. Este enfoque, no solo ayuda en términos de ahorro, limpieza ambiental y sostenibilidad, sino que fomenta la creatividad al darle usos y funciones nuevas a recursos usados para otros fines o actividades.

Por ejemplo, reutilizar la parte no impresa de posters para elaborar nuestros propios murales o carteles. Cajas, botes, frascos, etc., pueden convertirse en instrumentos musicales, personajes de historias

© narcea, s.a. de ediciones

inventadas o elementos de laboratorio. Como un listado de estos materiales sería demasiado exhaustivo, la creatividad y los objetivos de
cada docente son el único límite para tener en cuenta esta inagotable
fuente de recursos.

4. Espacios con sentido

Los espacios son cruciales para el buen desarrollo de este enfoque.
Actualmente, existen diseños de mobiliario y de espacios que pretende
contribuir al buen desarrollo de una metodología más activa. Sin
embargo, creemos que no es necesario que el centro tenga muchos
recursos o se haya diseñado recientemente, sino que su organización
y distribución de los espacios responda, en la medida de lo posible,
a lo que pretendemos pedagógicamente.

El aula o salón de clase

El diseño del espacio en un aula, especialmente de educación
primaria o básica, es algo vital, no solo como elemento estético en
sí mismo, sino como elemento esencial para crear un contexto donde
los niños, en su individualidad, puedan desarrollar su talento y crecer
en plenitud. En el aula es habitual que el docente tenga en cuenta el
trabajo que se está realizando en las diferentes áreas y ese espacio esté
personalizado por el alumnado, lo que ayuda al aprendizaje como
hemos descrito anteriormente.

Aunque hay diseñadores de espacios educativos que se esfuerzan
por ofrecer mobiliario y diseños de aulas más actuales, sin embargo,
todavía hay centros que tienen unos recursos bastante precarios para
facilitar la creación de un contexto adecuado pedagógicamente. De
todos modos y según nuestra experiencia, el maestro o la maestra
consciente de la importancia que tiene el aula como espacio, intentan
sacar el mayor partido a los medios de que disponen.

Es importante crear espacios de aprendizaje que permitan cambiar de paradigma y trabajar, en la medida de lo posible, mediante

proyectos y retos donde el espacio no lo impida y se favorezca que cada estudiante se sienta a gusto con su entorno y, de este modo, pueda ir desarrollando su motivación hacia el conocimiento. Para ello, la funcionalidad y versatilidad del espacio es esencial.

En cuanto al mobiliario, las mesas pueden estar dispuestas de forma que faciliten la entrada, así como las presentaciones unidireccionales, bien del docente, de algún estudiante o grupo. También para facilitar la asamblea de toda la clase. El alumnado suele estar acostumbrado y colabora con entusiasmo a mover los pupitres o las sillas para formar grupos de dos o bien de cuatro, según lo requiera la actividad. Por ejemplo, para las actividades de creación artística se pueden unir muchos pupitres y así construir una o dos mesas enormes para trabajar alrededor de ellas.

En el aula, sugerimos la conveniencia de acondicionar *lugares especiales* según este enfoque:

Un *rincón* a donde poder acudir si alguien necesita un momento de reflexión, de mayor tranquilidad o para concentrarse mejor. Se pueden utilizar cascos anti-ruidos para favorecer la concentración si se considera oportuno.

Una *biblioteca de aula* con ejemplares adecuados a la edad, algunos en otros idiomas.

Armarios donde guardar los materiales artísticos y manipulativos. Deben ser de fácil acceso por parte de los alumnos para poder utilizar esos materiales en actividades opcionales cuando acaban las tareas propuestas.

La decoración de las paredes del aula debe ser armónica y coherente con el trabajo que se lleve a cabo en ese momento. Al comienzo de curso, el docente y sus estudiantes decoran el aula con posters o dibujos propios. Las zonas van cambiando pues se exponen los trabajos o realizaciones de los niños y niñas según terminan. También se integran otros a los que se hace continua referencia: Un mural de identificación de emociones y un gran mapa del mundo. En muchas aulas, hay una zona de la pared para recordar los objetivos y algunos

© narcea, s.a. de ediciones

contenidos pertinentes, por ejemplo, expresiones o vocabulario significativo del proyecto en el que se esté inmerso.

Otros elementos importantes son una pizarra donde puedan escribir el docente y los estudiantes, y una pantalla de proyección que no anule la pizarra. En la mayoría de las aulas hay *otros objetos* que el docente considera facilitadores, como plantas, alguna pelota de pilates, algún cojín, etc. Sin duda, un ambiente agradable favorece la relación, el sentido de pertenencia, la motivación y el desarrollo personal y grupal.

Las aulas especializadas por materias o áreas

Generalmente, en los centros de educación secundaria o media, existen espacios específicos de Tecnología, Plástica, Laboratorio de Ciencias, Gimnasio o Música. Sin embargo, no ocurre así con las demás materias o áreas. En esta etapa, las aulas suelen estar asignadas a cada grupo de los diferentes niveles y en ellas se imparten la mayoría de las materias. Sin embargo, la experiencia nos confirma la importancia de una buena distribución de los espacios, por eso apostamos por que los centros permitan y consideren que hay razones pedagógicas serias para romper con la distribución de las aulas como se ha venido haciendo generalmente hasta el momento.

Cualquier materia que se imparta en un espacio adecuado donde todo está relacionado y los recursos, el mobiliario y la decoración del aula guarden una conexión directa con esa área de conocimiento, provoca un impacto beneficioso en el aprendizaje de los estudiantes.

Desde el punto de vista relacional, la disposición del mobiliario puede adaptarse mejor a las necesidades metodológicas del área y a una dinámica interactiva. El aula en U, que hace sentirse al alumnado parte de un todo, puede emplearse en aquellas materias donde el contraste de opinión y la participación vertebra el buen desarrollo de las competencias necesarias específicas. Además, con esta distribución, existe más espacio para hacer presentaciones, actuaciones o cualquier actividad delante de la clase. Así mismo, permite al docente acercarse con mayor facilidad a cada uno de los estudiantes sin perder el control de la clase. En definitiva, el docente puede flexibilizar esta distribución según su criterio pedagógico y como más le ayude a cumplir los objetivos que se estén trabajando.

Desde *una dimensión estética*, la decoración del aula genera un entorno educativo que conecta lo físico con lo intelectual. El estudiante se siente parte del espacio, ya que se pueden exponer sus trabajos, lo que le hace sentirse orgulloso y, a la vez, evocar lo aprendido y consolidar así el conocimiento. Además, se exponen los objetivos de la unidad de aprendizaje en curso de esa materia para tenerlos presentes, y les ayuda a recordarlos.

Desde *una dimensión corporal y emocional*, los estudiantes necesitan moverse y el hecho de ir de un aula a otra les ayuda en este sentido, además de prepararse mentalmente para el trabajo de la materia a la que se dirigen. En el aula especializada el estudiante sabe dónde está y se siente más protegido al ser el docente el que le acoge en ella. El material está preparado de antemano y el ambiente creado con recursos diferentes. Es responsabilidad del docente el que este espacio sea parte importante de su enseñanza para que esos jóvenes aprendan mejor.

La experiencia, en este sentido, nos demuestra que una organización adecuada del centro es posible. Dependiendo del número de horas lectivas de los docentes y del currículo oficial, en ocasiones, varios docentes utilizarán la misma aula en distinto horario. En esas circunstancias, corresponderá al centro la mejor organización para que los docentes asignados en esas horas impartan materias o áreas afines y se pueda mantener este criterio. Pensamos que esta circunstancia puede favorecer que compartan sus ideas y se contagien su entusiasmo. En cualquier caso, el departamento correspondiente sería el encargado del seguimiento de las aulas relacionadas con las materias a su cargo.

7. La actuación en el aula

1. El docente en el aula

En este apartado situamos a la persona del docente en su aula para plantear de modo, si cabe más práctico y específico, todas aquellas pautas de actuación que aparecen de modo transversal en capítulos previos y posteriores. El valor fundamental de la comunicación es una constante que venimos reiterando y reclamando. La figura del docente es, sin lugar a dudas, quien la hace posible. En este apartado comenzaremos recordando lo que nos dice el capítulo 1 en el apartado de "La dimensión relacional":

> Todo aprendizaje es dialógico. La educación se basa en la interacción entre dos personas: El educador y el educando. Es a través de la comunicación, que la persona del educador enseña al educando y suscita deseos de aprender y desarrollarse personalmente, y, a la vez, le invita a tomar conciencia de que pertenece a la comunidad humana.

Desde esta perspectiva empezaremos con una pregunta aparentemente sencilla: ¿Cómo actúa un docente en el aula? Ante una cuestión tan genérica buscaremos respuestas apoyándonos, a modo de metáfora, en este poema: *EDUCAR* de Gabriel Celaya:

Educar es lo mismo
que poner un motor a una barca...
Hay que medir, pensar, equilibrar...
y poner todo en marcha.

Pero para eso,
uno tiene que llevar en el alma
un poco de marino...
un poco de pirata...
un poco de poeta...
y un kilo y medio de paciencia concentrada.

Pero es consolador soñar,
mientras uno trabaja,

que ese barco, ese niño,
irá muy lejos por el agua.
Soñar que ese navío
llevará nuestra carga de palabras
hacia puertos distantes, hacia islas lejanas.
Soñar que, cuando un día
esté durmiendo nuestra propia barca,
en barcos nuevos seguirá
nuestra bandera enarbolada.

Un docente en el aula puede compararse, según esto, al capitán de un barco en el que todos colaboran para llegar a un destino desde el que cada tripulante elegirá el suyo propio con el bagaje de las experiencias adquiridas en el viaje. Podemos encontrar otra perspectiva en las respuestas que nos dieron los docentes que asistieron a uno de nuestros cursos, a estas preguntas:

- ¿Qué y quién recuerdo con más intensidad de mis experiencias positivas como estudiante?
- ¿Qué valoraba más en mis clases y cuando notaba que aprendía más y mejor?

Estas fueron algunas de sus respuestas:

– *"Aprendo cuando me siento tranquilo.*
– *Aprendo cuando siento curiosidad.*
– *Aprendo cuando me siento a gusto en clase.*
– *Aprendo cuando colaboro con mis compañeros.*
– *Cuando el profe me tiene en cuenta.*
– *Aprendo cuando el profe explica bien sin enrollarse.*
– *Aprendo cuando no me aburro.*
– *Aprendo cuando enseño a otro compañero.*
– *Aprendo cuando siento que lo que aprendo sirve para algo.*
– *Aprendo cuando hay sonrisas…"*

© narcea, s.a. de ediciones

Esta visión nos da buenas pistas para poder perfilar el efecto y la influencia que puede tener la actuación de un docente en sus clases. Por este motivo, nos detenemos en algunas actuaciones que contribuyen a que nuestro trabajo sea lo más valioso y eficiente posible.

En el aula, el docente debería trabajar como orientador y guía, como fijador de metas y alguien que plantea preguntas, como diseñador de tareas y experiencias, como modelo a seguir o líder.

> No poseemos el control sobre el tiempo. De modo que la paciencia comienza con la aceptación de los ritmos naturales. El beneficio implícito de la impaciencia sería ahorrar tiempo acelerando esos ritmos y adelantándose a ellos. Paradójicamente, hacerlo así acaba consumiendo más tiempo. Es un esfuerzo desperdiciado. (Rubin, 2023, p.127).

Para ello es necesario realizar un ejercicio constante de autocrítica y de ponerse en el lugar del aprendiz. El diálogo es fundamental; que se sienta justamente tratado cuando se le corrige, que su docente sea consistente y actúe de modo similar ante situaciones semejantes. El alumnado valora muchísimo la coherencia, actuará mucho más favorablemente cuando los actos de su profesor se correspondan con sus palabras. Por todo esto, podemos inferir las siguientes consideraciones:

- *La importancia del ejemplo.* Los alumnos aprenden más por lo que ven y experimentan que por lo que se les dice. El docente debería tener en cuenta que su actuación y modo de relacionarse en el aula son ejemplo para ellos, y que, puesto que quienes aprenden, observan permanentemente la actuación de su "profe", hay que ser consciente de proporcionar ejemplos que favorezcan y ayuden a este aprendizaje.

- *La influencia de la crítica constructiva y de un trato sereno y afable.* Esto sugiere que la forma en que el docente interactúa con sus estudiantes supone una influencia significativa en su aprendizaje y comportamiento. Por este motivo, el *feedback* o los comentarios del docente hacia los estudiantes durante el proceso, serán tanto más eficientes cuanto más se alejen del juicio crítico de la persona, se centren en el acto o ejercicio concreto en ese momento y se realicen desde la empatía y la proactividad.

- *El ambiente que se establece en las clases.* En un ambiente de miedo, inseguridad o aprensión, el filtro afectivo se intensifica impidiendo que la comunicación sea fluida y positiva. Ante comportamientos o actitudes de un estudiante que no son tolerables, resulta más positivo a largo plazo, y desde luego más educativo, plantear una reflexión sobre lo sucedido y promover la asunción de consecuencias que penalizar con castigos o exclusión del grupo. Si en el aula reina un clima de seguridad, resulta mucho más sencillo que cada uno pueda desarrollar su potencial. Este punto se desarrolla en el apartado que habla de la atención a la diversidad y el clima en el aula.

Es bien sabido que el estado de ánimo influye en la capacidad para aprender y que ningún aprendizaje significativo tiene lugar sin que haya una interacción "saludable" entre los participantes. Por todo esto y, a modo de sugerencias, destacamos, a modo de recordatorio, actuaciones por parte del docente que favorecen dicha interacción:

- Conectar con cada estudiante de modo individual y establecer contacto visual siempre que sea posible.
- Cambiar el tono de voz para distintas situaciones y así evitar la monotonía.
- Utilizar un lenguaje corporal que manifieste apertura y relajación.
- Evitar una posición estática o distante detrás de la mesa. Por el contrario, circular por el aula para establecer una cercanía con el alumnado mientras estos realizan actividades. Mejor si se tiene una sonrisa siempre disponible.
- Ambientar el aula con elementos visuales relacionados con las actividades que se están realizando y, aún mejor, exponerlos en

el aula cuando son el resultado de los trabajos de los propios estudiantes.

- Asegurarse de que el alumnado está centrado y conoce el por qué y para qué de las actividades que se le proponen.

En cuanto a los comentarios sobre los trabajos y las dinámicas de estudio, que también se tratan en el apartado de evaluación al referirnos al *feedback*, serán muy poco útiles si se limitan a los monosílabos casi indiferentes "bien" o "mal". Su valor y eficacia será mayor cuando sean claros y específicos sobre la tarea o acto concretos. Deberían ser verdaderos sin ser hirientes, con mirada objetiva, nunca juicios de valor y siempre enfocados a la mejora de su actuación.

2. Dinámicas interactivas

Ser profesor o profesora es, en gran medida, ir aprendiendo desde la experiencia la mejor forma de transmitir a los estudiantes los conocimientos de la materia impartida. Al evaluar y reflexionar sobre la forma de dar clase descubrimos algo nuevo que mejora nuestra función como profesores. Y una de las reflexiones más importantes está situada en las relaciones del docente con sus estudiantes y la interacción entre ellos, con el fin de avanzar en el conocimiento de sus dificultades en el aprendizaje. Los mayores logros adquiridos en este proceso de enseñanza aprendizaje, desde nuestra experiencia, se deben a la colaboración en grupo y no al aislamiento de los estudiantes que trabajan solos, compiten y se comparan con sus compañeros. El apoyo de sus colegas es esencial en su aprendizaje, tanto de conocimientos del área como de los valores de la vida.

El aprendizaje en grupo eleva las motivaciones de la mayoría de los estudiantes y aprenden mucho más de lo que hubiéramos imaginado, y así son capaces de lograr aquello que solos no habrían conseguido; además, fomenta la creatividad y diversión mientras aprenden unos de otros.

Desde el comienzo de una clase podemos repartir a los alumnos en distintos agrupamientos para poner en común las tareas que han realizado fuera del aula porque, como señalan las investigaciones sobre el tema, es una oportunidad para compartir conocimientos, pues no todos los alumnos han tenido posibilidad de recibir ayuda externa. Sin duda, aunque haya alumnos brillantes que destaquen intelectualmente, el logro alcanzado por los grupos de trabajo es superior.

La tendencia en nuestra sociedad y en la escuela ha sido el aprendizaje competitivo e individual. Sin embargo, estamos comprobando que las mejores investigaciones de profesionales como médicos, abogados, empresarios y otros muchos han sido llevadas a cabo por equipos de trabajo eficientes, lo que demuestra que el avance del conocimiento y de la ciencia es grupal y no individual:

> Los alumnos suelen demostrar un mejor rendimiento y retener más información cuando trabajan en grupos de aprendizaje cooperativos que cuando compiten de forma individual. (Johnson y Johnson, 1981).

Este pensamiento de Pablo Picasso en una carta dirigida a Françoise Gilot nos puede ilustrar de esta intensa colaboración creativa que tuvo como resultado el nacimiento del Cubismo:

> *Casi todas las tardes, o yo iba al estudio de Braque o él venía al mío. Los dos teníamos que ver lo que el otro había estado haciendo durante todo el día. Nos criticábamos mutuamente. Un lienzo no estaba terminado hasta que los dos sentíamos que lo estaba.*

Por tanto, subrayamos la importancia del desarrollo de habilidades de trabajo en equipo – como la comunicación, el reparto de tareas, la crítica constructiva, la aportación personal, el apoyo a los demás miembros del grupo y el deseo de aprender a trabajar juntos– necesarias para conseguir las competencias sociales y académicas.

Si el docente siente preocupación por las relaciones interpersonales en su clase, pues hay estudiantes cuya tendencia es aislarse por timidez o introversión, el uso de agrupamientos formales o informales

© narcea, s.a. de ediciones

para el aprendizaje pueden ser una ayudan para superar las dificultades y establecer relaciones de amistad y de calidez humana en el aula. Un docente que se comunica y escucha a sus alumnos en sus formas de expresarse puede crear un ambiente de confianza, seguridad y libertad necesaria donde cada cual se sienta protagonista de su propio aprendizaje y sienta deseos de implicarse en el aprendizaje de los compañeros (Ver capítulo 2, apartado 2).

Por otro lado, la interacción del docente con los estudiantes, y entre ellos, es imprescindible para avanzar en el aprendizaje en el aula y más allá del aula. Un docente que contempla la realidad sabe que será necesario enseñar a "trabajar en relación en el día a día" y ayudarles a mirar un mundo complejo no ajeno al dolor para muchos seres humanos que suscitará una actitud compasiva y una colaboración comprometida con proyectos profesionales y sociales en un futuro no lejano. La formación y el aprendizaje al servicio de un mundo vulnerable y necesitado, nace en la escuela. El trabajo en el aula que aplica dinámicas interactivas facilita esas actitudes.

En estas dinámicas interactivas el enfoque integrado distingue varios aspectos a tener en cuenta, que van fluyendo en la realización de una actividad: a) *trabajo en gran grupo*: todos los alumnos confluyen en una misma tarea, como escuchar al profesor, ver un vídeo, realizar un debate; b) *trabajo individual*: se intercalan momentos en los que cada estudiante reflexiona personalmente para la interiorización del aprendizaje y su aportación al grupo; c) *trabajo en grupo pequeño* (de 2 a 7) que detallamos a continuación.

Los grupos de Aprendizaje Cooperativo

No todos los grupos pueden ser considerados grupos de aprendizaje cooperativo pues no todos fomentan ni consiguen un aprendizaje de calidad. Esto se puede deber a diversos motivos. Con frecuencia, los alumnos no están suficientemente preparados ni motivados para trabajar en grupo: sus miembros trabajan compitiendo y se convierten en meros rivales condicionando así la tarea de todos. De la misma manera fracasaría su trabajo en equipo si algunos de sus miembros se dejan llevar por el desinterés o depositan todo el trabajo en los demás. En estos casos, el docente tiene que aplicar estrategias para que ese estudiante no se integre en un grupo hasta que asuma su trabajo con responsabilidad. Además, los estudiantes deben saber que se les va a evaluar y cómo se les va a evaluar su trabajo en grupo y su trabajo individual.

El éxito del trabajo cooperativo consiste en que les guste trabajar así y confíen en el esfuerzo de cada uno de sus miembros. Para conseguirlo nos pueden aclarar los siguientes aspectos:

- Los estudiantes se van convenciendo, desde la experiencia de cada día, de que el *rendimiento de trabajar juntos es superior al rendimiento individual* hasta incluso llegan a sentir y valorar que el fracaso posible de uno de sus miembros significa el fracaso de todos.

- Se plantea el *valor de la responsabilidad* para implicase a sí mismos y ayudar a los demás como única manera de lograr un objetivo común.

- *El equipo trabaja presencialmente* en el aula o en algún otro espacio indicado: se ven, comparten información, se explican unos a otros, se animan.

- El tiempo que pasan juntos se convierte en un espacio de apoyo mutuo y de afecto de unos para otros.

- *Los miembros del grupo van aprendiendo habilidades sociales* y destrezas necesarias para lograr sus objetivos los cuales van a ser evaluados junto al trabajo académico encomendado.

Estos logros no se consiguen desde el principio; se necesita mucho entrenamiento y paciencia, por eso es necesario que el equipo celebre los pequeños éxitos en un ambiente amigable y alegre y que todos los componentes estén cada vez más convencidos de que trabajar así merece la pena. En el docente recae la tarea de establecer los grupos de aprendizaje, evaluar avances, fortalecer estrategias básicas de la cooperación y poner los medios para lograr que lleguen al éxito del aprendizaje conjunto.

A continuación, describimos los grupos de aprendizaje cooperativo que más se utilizan en nuestro enfoque.

Grupos de Aprendizaje Cooperativo Informales

Estos grupos son los más frecuentes en las unidades de aprendizaje. En ellos se comprueba el resultado de una actividad, se resuelve un problema matemático, se practica y memoriza, se completa un ejercicio, se lee un texto entre varios, se crea una poesía a partir de un modelo, se repasa un contenido a través de un juego, etc.

- *Estructura.* Los grupos informales son menos estructurados y pueden formarse de manera más espontánea, sin una planificación rigurosa por parte del docente. Pueden ser agrupamientos variados, por parejas, por grupos de tres a siete alumnos, según el tema.

- *Duración.* Suelen ser de corta duración, con actividades que pueden ser solo una clase o una parte de una sesión, como discusiones o tareas rápidas.

- *Roles.* No hay asignación formal de roles; los estudiantes pueden asumir roles de manera más flexible según la dinámica del grupo y la actividad.

- *Evaluación.* Generalmente, no hay evaluaciones formales o el impacto del trabajo grupal en las calificaciones del individuo es mínimo.

- *Interdependencia.* Aunque también fomentan la interdependencia, esta es más baja en comparación con los grupos formales y depende más del tipo de actividad realizada.

- *Objetivos generales.* Pueden enfocarse en desarrollar habilidades generales, como el trabajo en equipo o la discusión de ideas, sin tener necesariamente un objetivo académico específico.

Grupos de Aprendizaje Cooperativo Formales

En estos grupos se realizan trabajos de investigación, se elaboran proyectos, una obra de teatro, un programa de radio, etc. Estos roles no solo ayudan a desarrollar habilidades y destrezas interpersonales y grupales, sino que también permite que cada miembro aporte sus fortalezas al grupo.

- *Estructura.* Los grupos formales tienen una estructura planificada y definida por el profesor. Están diseñados con objetivos específicos de aprendizaje. Generalmente son grupos de 3 a 7 miembros.
- *Intervención del profesor.* Toma decisiones sobre los objetivos, explica la tarea, enseña y hace el seguimiento de la interdependencia positiva del grupo.
- *Duración.* Suelen tener una duración más prolongada, que puede abarcar varias sesiones o incluso un curso completo.
- *Evaluación.* Los grupos formales generalmente incluyen algún tipo de evaluación del rendimiento individual y grupal, lo que puede influir en las calificaciones del estudiante. El docente interviene en el desarrollo del trabajo para ayudar a mejorar las destrezas interpersonales y para evaluar el aprendizaje.
- *Interdependencia.* Fomentan una alta interdependencia positiva, lo que significa que el éxito del grupo depende del esfuerzo conjunto de todos sus miembros. Para ello se han de esforzar en el desarrollo de habilidades y destrezas interpersonales y de grupo.
- *Objetivos específicos.* Se centran en cumplir con objetivos académicos claros y bien establecidos.
- *Roles.* En estos grupos, se asignan roles específicos a los miembros, lo que ayuda a fomentar la responsabilidad y la interacción entre ellos. ¿Qué roles pueden ayudar a cualificar la interdependencia positiva de la que hablamos? En las dinámicas interactivas se han propuesto una gran variedad de diferentes roles.

Desde nuestra experiencia, hemos seleccionado aquellos que usamos con más frecuencia y consideramos más eficaces.

- *Director*. Se encarga de leer las instrucciones para que queden claras a todos los miembros del grupo. Mantiene al grupo centrado en la tarea bajo su dirección. Es el portavoz y organiza la exposición del trabajo.

- *Secretario*. Toma notas durante el trabajo. Anota los puntos trabajados en cada sesión. Controla los materiales antes de empezar la actividad. Supervisa que todos los materiales queden ordenados.

- *Supervisor técnico*. Mide y autoevalúa el grado de precisión de la tarea. Comprueba si todos toman notas, hacen diagramas, observaciones, etc., de manera correcta.

- *Moderador*. Ayuda a decidir quien realiza cada una de las tareas. Supervisa el tono de voz. Controla los tiempos. Da la palabra en las intervenciones.

Además de los grupos informales y formales, se pueden crear otros grupos de aprendizaje cooperativo con otras finalidades. Destacamos lo que Johnson y Johnson (2014) denominan *grupos base*. Estos se constituyen para prestarse una ayuda mutua en diversos aspectos –sociales y académicos– durante un periodo de tiempo que va desde un trimestre a un curso escolar. Se suelen organizar desde las tutorías y van más allá del trabajo que se realiza en el aula (p. 43). Muchas veces no terminamos de entender qué elementos dificultan o favorecen el funcionamiento de los grupos cooperativos. Señalamos cinco aspectos básicos experimentados y recogidos de las investigaciones realizadas por expertos (pp. 49-50):

- *La interdependencia positiva* supone percibir la conexión de cada individuo con el resto del grupo y solo desde el conjunto se van a alcanzar los objetivos. Si la interdependencia positiva es fuerte, se pueden dar evaluaciones fiables.

- *El compromiso individual y de grupo.* El grupo es el responsable de alcanzar sus objetivos. Y cada uno de sus miembros asume la responsabilidad de su tarea para contribuir al trabajo del grupo, sin que ninguno pueda cargar en otro su responsabilidad, aunque pueda existir, por supuesto, la ayuda y orientación mutuas.
- *La interacción presencial,* donde se pueda dar la transmisión o intercambio de información, la discusión sobre dificultades posibles, la explicación de lo que se va aprendiendo.
- *El aprendizaje de destrezas interpersonales y de pequeño grupo.* Ya hemos señalado anteriormente que la exigencia del docente a los estudiantes va a ser de la materia de aprendizaje, así como de las destrezas interpersonales o roles para funcionar como equipo de trabajo. La complejidad del trabajo cooperativo frente al trabajo individual es que los alumnos tienen que llevar a cabo y *simultáneamente la tarea individual y el trabajo de equipo.*
- *La valoración de grupo.* Los miembros del grupo analizan si están consiguiendo los objetivos, cómo lo están haciendo y si mantienen unas relaciones de trabajo eficaces. Este cuidadoso análisis por parte del grupo mejora el proceso de aprendizaje.

3. Las dinámicas de aprendizaje

Las técnicas interactivas de aprendizaje son herramientas valiosas que no solo facilitan la adquisición de conocimientos, sino que también promueven habilidades interpersonales y un ambiente de aprendizaje más colaborativo y efectivo. Existen numerosas técnicas que se pueden utilizar en el trabajo cooperativo. En la mayoría de los casos el docente inventa el modo propio de hacerlo, sin embargo, nos parece que recordar algunas de las más difundidas y que frecuentemente adaptamos, facilitará su puesta en práctica en nuestras clases.

- **Los cuatro sabios.** Se pide a cuatro alumnos que dominan un determinado tema que lo preparen. Luego un miembro de cada

© narcea, s.a. de ediciones

equipo base se reúne con el equipo de los cuatro sabios para que le expliquen el tema y posteriormente exponerlo en sus respectivos grupos base.

- **Mesa redonda.** Cada miembro del equipo habla por turno mientras el secretario toma nota de las aportaciones. Las conclusiones de cada grupo pueden ser puestas en común mediante la estructura "Cabezas numeradas"

- *Cabezas numeradas.* Cada miembro del grupo está numerado de forma que se pueda pedir algo aleatoriamente o cualquiera de ellos que exponga los resultados de cualquier tipo de tarea realizada cooperativamente.

- **Los pares discuten.** Se lanza una cuestión y los miembros de una pareja buscan en distintas fuentes la solución. Se ofrece un tiempo para discutir por parejas y luego se pone en común.

- **Construir un problema.** Cada alumno busca la forma de construir un problema y luego se discute en grupo para para formular el definitivo

- **Retroalimentación entre pares.** Son sesiones donde los estudiantes puedan dar y recibir retroalimentación sobre el trabajo de sus compañeros. Se forman grupos pequeños. Se utilizan rúbricas para que los estudiantes puedan evaluar el trabajo de sus compañeros. Se anima a los estudiantes a escuchar atentamente las opiniones de sus compañeros y hacer preguntas para clarificar cualquier duda. La reflexión posterior, después de la actividad de retroalimentación, permite un tiempo para que los estudiantes reflexionen sobre lo que aprendieron tanto al dar como al recibir comentarios. También es bueno incluir la rotación de roles para que todos tengan la oportunidad de ser tanto evaluadores como evaluados. Celebrar los logros por parte del profesor motivará a los estudiantes a seguir participando activamente dinámica de aprendizaje.

- **El debate.** El objetivo es crear un ambiente donde todos se sientan cómodos para expresar sus ideas y aprender unos de otros.

Esta dinámica, si se realiza habitualmente en el aula, fomenta la argumentación, el pensamiento crítico y la habilidad de escuchar diferentes puntos de vista.

- **Simulaciones y role-play.** Consiste en incorporar actividades que simulen situaciones del mundo real relacionadas con el proyecto. Esto puede hacer que el aprendizaje sea más relevante y atractivo. Los juegos de rol son una herramienta fantástica para el aprendizaje en el aula. Por ejemplo, imagina una clase de historia donde los estudiantes asumen el papel de personajes históricos. Cada estudiante podría investigar y representar a una figura importante de una época específica, como un líder político, un inventor o un artista. Además, se pueden incorporar elementos de improvisación, donde los estudiantes deben reaccionar a situaciones inesperadas, lo que fomenta la creatividad y el pensamiento crítico.

- **En línea del tiempo.** Se reparten cuatro sucesos ocurridos en tiempos distintos entre los miembros del equipo. Deben ordenarlos cronológicamente y explicar el proceso que se ha realizado a lo largo del tiempo.

- **Compartir las tareas de casa.** Se forman parejas para revisar el trabajo realizado fuera del aula. En caso de que surjan dudas se unen otras dos parejas para ayudarse.

- **Resumen del día.** Se pide a cada alumno que antes de acabar la sesión anote la idea global de lo trabajado en el día.

- **Lanza la pregunta.** En una bolsa de papel se escriben preguntas sobre el tema estudiado. Empieza un miembro del grupo a sacar una pregunta para hacérsela a un compañero del grupo. El compañero que responde vuelve a la bolsa y lanza otra pregunta. Se puede hacer construyendo las preguntas sobre la marcha sin tenerlas previamente preparadas.

- **Aplicaciones online.** Existen numerosas aplicaciones que ayudan a los estudiantes a aprender de manera interactiva. Estas herramientas, si se utilizan correctamente, ayudan a mejorar la comprensión de los contenidos y también promueven un ambiente de colaboración y comunicación entre ellos. Mencionamos algunas de estas aplicaciones que se utilizan habitualmente en las clases: Mentimeter, Kahoot, Sli.do, Google Slides, Microsoft Teams o Slacker. Actualmente aparecen nuevas aplicaciones con este fin.

A modo de conclusión podemos decir que el aprendizaje cooperativo no es un reto fácil de alcanzar si no hay un claro convencimiento de su valor por parte del docente. Sin embargo, es esencial para llevar a cabo este enfoque. Las dinámicas interactivas adecuadas en cada momento se integrarán dentro de la programación de las Unidades de Aprendizaje que se describe en el siguiente capítulo.

© narcea, s.a. de ediciones

8. Las Unidades de Aprendizaje

1. **ENTRE NUBES Y TORMENTAS. COMPRENDIENDO LA DANA**
2. **MOVIMIENTO EN LA CIENCIA: CINEMÁTICA**
3. **POESÍA ERES TÚ**

1. Cómo programar Unidades de Aprendizaje

Una Unidad de Aprendizaje es la organización de los diferentes elementos que configuran el proceso de enseñanza-aprendizaje de forma *integrada, unificada, rigurosa y coherente*. Cada unidad guía la práctica educativa durante un periodo de tiempo concreto y, además, forma parte de una serie de unidades que garantizan el progreso en el aprendizaje durante el curso escolar. La unidad de aprendizaje comienza con una mirada a la realidad que muestra siempre los contenidos integrados (ver capítulo 5 apartado 1).

Estas unidades, que contemplan la realidad y la concretan, *siempre se abordan desde una perspectiva globalizadora e interdisciplinar*. Así pues, aunque seamos especialistas de una sola disciplina, si tenemos el convencimiento de los beneficios que aporta al aprendizaje esta visión interdisciplinar, buscaremos la forma de implementarla en nuestras unidades, relacionándolas siempre con las disciplinas que veamos más pertinentes para cada tema.

Lo más conveniente es que se dé un trabajo conjunto del profesorado en mayor o menor medida y que se avance lo más posible en este sentido. Sin embargo, queremos ser realistas y por eso, a continuación, describimos distintos escenarios que nos podemos encontrar, empezando por el ideal hasta aquél en el que el docente se encontraría más aislado:

- *Interdisciplinariedad total durante todo el curso como proyecto de centro*. En una situación ideal, el equipo directivo del centro educativo apostaría por este enfoque, y propiciaría los momentos de trabajo en los que el profesorado podría reunirse para organizar y hacer un seguimiento conjunto de la programación de la unidad interdisciplinar. Además, en algunos casos, el centro elije varias disciplinas para que compartan algunos espacios y tiempos en el horario lectivo y de esta forma se organicen actividades comunes con una interrelación mayor en sus contenidos (ámbito). Existen experiencias muy positivas en la organización de ámbitos interdisciplinares.

© narcea, s.a. de ediciones

- *Interdisciplinariedad en alguno de los cursos.* En un segundo escenario, varios docentes de un mismo nivel ponen en común los contenidos de sus materias y, a partir de ellos, eligen conjuntamente diversas realidades (temas de interés) para las distintas unidades de aprendizaje de un curso. La iniciativa puede partir de la dirección, sin embargo, este tipo de propuesta suele provenir de algún docente, que convoca a los especialistas de diferentes materias y acuerdan trabajar durante el año conjuntamente sobre los temas elegidos. Como hemos apuntado, para trabajar de esta manera es necesario analizar la interrelación de los contenidos de las materias implicadas y programar algunas actividades conjuntas a lo largo de cada unidad. En cualquier caso, es importante contar con la aprobación y ayuda de la dirección del centro.

- *Cooperaciones puntuales.* A lo largo del curso, se pueden dar cooperaciones puntuales de docentes de distintas materias para llevar a cabo la interdisciplinariedad en una o varias unidades de aprendizaje. Los docentes implicados no tienen por qué ser siempre especialistas de las mismas disciplinas, pueden existir diversas combinaciones dependiendo de la realidad elegida y de la disposición del profesorado de ese nivel.

- *Interdisciplinariedad profesor-materia.* Un solo docente de modo individual, cuando está convencido de la bondad de este enfoque, mira las diversas realidades (los temas de interés) elegidas para su materia desde una perspectiva interdisciplinar y los trata como tal. Para ello, se informa de diversos modos sobre los aspectos de la unidad correspondiente, que se relacionan con otras disciplinas. Es importante transmitir contenido riguroso e interesante relacionado con estas otras disciplinas, aunque no contemos con la colaboración directa de otro profesorado.

Aunque describamos unos pasos determinados, el proceso de programación es siempre flexible, y se irá modificando a lo largo de su implementación.

Temporalización del curso. Generalmente se divide el curso entre 3 y 6 unidades de aprendizaje en las que se distribuyen los contenidos del currículo de manera secuencial. También se eligen las realidades (temas de interés) de cada unidad, teniendo en cuenta la edad y características del grupo. En ocasiones se pueden cambiar estas realidades elegidas a priori, al surgir otras necesidades más apropiadas por diversas circunstancias.

Programación de cada unidad de aprendizaje:

a. Concretar la temporalización.

b. Revisar los contenidos a tratar.

c. Revisar la realidad que elegimos en la programación para todo del curso. ¿Nos reafirmamos en ella o la cambiamos?

d. Concretar los objetivos en términos de capacidades según la taxonomía de Bloom (recordar, comprender, aplicar, analizar, evaluar y crear).

e. Seleccionar los recursos que necesitaremos. Estos aparecerán a la hora de describir cada actividad.

f. Diseñar una secuencia de actividades atendiendo a tres fases:

    1. *La mirada*: El detonante

    2. *El camino*: El proceso

    3. *El compromiso*: Actividad final

    La secuencia de actividades ha de ser lógica y coherente en cada una de las distintas fases, lo que proporcionará un fluir natural de todos los elementos de la unidad de aprendizaje. (ver capítulo 2 "Los cuatro principios didácticos").

g. Programar las actividades de evaluación formativa que se realizarán a lo largo de toda la secuencia y que contemplarán diferentes instrumentos según sea conveniente.

Es bueno tener unos parámetros y un esquema para programar, pero no basta con seguir la norma, Hay que atreverse a pensar y crear. Siempre programaremos siendo conscientes de la realidad de los estudiantes que tenemos en nuestra clase y del proceso creativo que puede surgir durante el mismo, "el camino". Los parámetros, las reglas están ahí, nuestro conocimiento de cómo se aprende está ahí, pero, insistimos en que las actividades irán variando según la respuesta de los estudiantes. Así pues, la secuencia de actividades, aunque está programada o, mejor dicho, esbozada de antemano, no estará completa, ni será real hasta el final de la unidad de aprendizaje. Al finalizar la unidad evaluamos todo el proceso y sacamos conclusiones para mejorar.

A continuación, presentamos una plantilla modelo que facilitará la planificación de la unidad de aprendizaje con todos los aspectos abordados anteriormente. Así mismo, esta plantilla posibilitará tener una visión global de cada unidad después de realizada.

UNIDAD DE APRENDIZAJE (plantilla modelo)

Realidad y Título	Realidad: .... Título: ....

MATERIA/S .... NIVEL .... UNIDAD N.º .... TEMPORALIZACIÓN ....

¿QUÉ QUIERO QUE APREN-DAN? Contenidos de la materia	¿QUÉ VOY A EVALUAR? Objetivos para los alumnos (Según la taxonomía de Bloom) • Objetivos comunes: (3 a 5) Si la unidad es interdisciplinar. • Objetivos específicos de la materia
SECUENCIA DE ACTIVIDADES (Poner el número del objetivo/s a los que hace relación)	¿CÓMO LO VOY A EVALUAR? • Actividades de evaluación referidas a cada actividad • Objetivos específicos de la materia
1. Motivación inicial	
3. Durante el proceso	
3. Actividad final	

2. Tres Unidades de Aprendizaje a modo de ejemplo. Introducción, presentación, programación y desarrollo

No es fácil ejemplificar Unidades de Aprendizaje porque una de sus características es su flexibilidad y su adaptación al grupo y al momento de los estudiantes. Con esto, queremos advertir de que ninguna de ellas es válida para llevarla a cualquier otra aula tal y como aquí se describe; es necesario modificarla para adaptarla a cada contexto. Las seis Unidades que se presentan a continuación responden a las características siguientes:

- Tienen en cuenta "Las seis dimensiones educativas del ser humano" (según el capítulo 1).
- Proclaman los 4 principios didácticos de "Conexión del aula con la vida, interacción, reflexión y acción creativa" (como se expresan en el capítulo 2).
- Su aproximación al currículo es coherente con lo que se expone en el capítulo 3.
- Reflejan claramente los elementos clave y los aspectos metodológicos presentados en los capítulos 4 y 5. En el desarrollo de cada unidad se entremezclan actividades de explicación, indagación, evocación y consolidación según fluya el proceso.
- Utilizan una gran variedad de materiales (en consonancia con lo descrito en el capítulo 6).
- La actuación del docente y las dinámicas del aula siguen la propuesta del capítulo 7.

Sin embargo, como señalábamos anteriormente, no se trata de ofrecer unos modelos acabados. Esto no estaría en consonancia con la propuesta de esta publicación. Se trata, más bien, de saborear cada una de las unidades expuestas, captar su esencia, su belleza, y aprender de ellas para elaborar unidades de aprendizaje que sirvan para que cualquier docente y sus estudiantes puedan crear, disfrutar y aprender.

Aunque las tres unidades son fruto de mirar a través de una ventana abierta al mundo, todas ellas son muy distintas. Resaltamos algún rasgo de cada una, que muestra claramente algunas de las características del enfoque presentado a lo largo de este libro. Viendo como estos rasgos se contemplan en las distintas unidades, podemos reflexionar y comprenderlo mejor y, así, poder aplicar este enfoque en la práctica del aula.

Estas son las Unidades propuestas:

1. **LAS NUBES. *"ENTRE NUBES Y TORMENTAS. COMPRENDIENDO LA DANA"***
2. **EL MOVIMIENTO. *"MOVIMIENTO EN LA CIENCIA: CINEMÁTICA"***
3. **LA POESÍA. *"POESÍA ERES TÚ"***

1. LAS NUBES: *"ENTRE NUBES Y TORMENTAS COMPRENDIENDO LA DANA"*

Debido a la realidad que mira, las nubes, esta unidad es susceptible de una interdisciplinariedad notoria. En este caso, la profesora se centra en un *acontecimiento reciente* e integra contenidos de las materias de Geografía Física, Historia del Arte y Sociedades y Territorios. Ante una catástrofe de tanta actualidad entonces, se plantean actividades que llevan al alumnado, no solo al momento puntual, sino a un conocimiento profundo de la realidad que estudian, para que se comprometan con ella. La utilización de la tecnología queda patente en el desarrollo de la secuencia de actividades.

Realidad y Título	Realidad: Las nubes
	Título: *"Entre nubes y tormentas: comprendiendo la DANA"*

Materia: Geografía Historia y Arte. **Nivel:** 3º ESO (14 años). **Unidad:** nº 2. **Temp.:** 8-10 sesiones

¿QUÉ QUIERO QUE APRENDAN? Contenidos de la materia	¿QUÉ VOY A EVALUAR? Objetivos para los alumnos Se tiene en cuenta la taxonomía de Bloom
A. Geografía física **El clima** • La atmósfera. • Elementos y factores que condicionan el clima. **B. Retos del mundo actual** **C. Emergencia climática** • El impacto de las actividades humanas en el clima, en el pasado y en la actualidad.	Al final de la unidad, los alumnos serán capaces de: 1. **Comprender y explicar fenómenos meteorológicos complejos** como la formación de una DANA, relacionándolos con elementos y factores climáticos. 2. **Clasificar los tipos de nubes** según su forma, altitud y características, y explicar su influencia en las condiciones meteorológicas. 3. **Relacionar el arte con los fenómenos climáticos** mediante el análisis y la reinterpretación creativa de cuadros de Turner, Constable y otros artistas, vinculando sus obras con fenómenos meteorológicos actuales como la DANA.

- Riesgos naturales y catástrofes climáticas, su impacto en el presente, en el pasado y en el futuro.
- Vulnerabilidad, prevención y resiliencia de la población ante las catástrofes y riesgos naturales.
- Soluciones frente al cambio climático: el desarrollo sostenible y la protección de la naturaleza.

D. Sociedades y territorios

E. El conocimiento geográfico

- Introducción a los objetivos de la Geografía y al uso de sus procedimientos, términos y conceptos.
- Métodos básicos de investigación para la construcción del conocimiento de la Geografía.
- Metodologías del pensamiento geográfico.

4. **Evaluar el impacto de un desastre natural** como la DANA en términos sociales, económicos y ambientales.

5. **Vincular fenómenos climáticos extremos con el cambio climático**, reflexionando sobre la importancia de la sostenibilidad y la resiliencia frente a riesgos naturales.

6. **Trabajar en equipo para elaborar y presentar un informe meteorológico simulado**, integrando lo aprendido de manera creativa y comunicativa.

7. **Proponer soluciones prácticas** para mitigar los efectos del cambio climático y reducir la vulnerabilidad ante desastres naturales, demostrando una actitud crítica y comprometida.

SECUENCIA DE ACTIVIDADES (Poner el número del objetivo/s a los que hace relación)	¿CÓMO LO VOY A EVALUAR? Actividades de evaluación referidas a cada actividad
1. MOTIVACIÓN INICIAL • ¿Qué nos cuentan las nubes? Se proyectan imágenes de distintos tipos de nubes y se plantea un debate inicial: ¿Qué vemos en estas fotos? ¿Qué son las nubes? ¿Qué tipos de nubes conoces? ¿Cómo se forman? Después, se introduce el fenómeno DANA con el vídeo "Voces de Valencia", la canción de Rei Ortolá para los afectados por la DANA (https://www.youtube.com/watch?v=2pODraBJ-DXE) y Se lanza una pregunta problematizadora: - ¿Por qué las nubes, que parecen tan inofensivas, pueden causar tanto daño?	Observación del nivel de participación e implicación en el tema.
2. DURANTE EL PROCESO • **Conociendo las nubes** (Obj. 2) Después de compartir el Atlas Internacional de Nubes de la OMM y las guías de la AEMET: – Las nubes https://repositorio.aemet.es/bitstream/20.500.11765/14326/1/Las%20nubes_cartel.pdf – Guía de identificación de nubes https://meteoescuela.aemet.es/extremadura/storage/app/media/recursos_educativos/poster_GuiaIdentificacionNubes.pdf – Guía de clasificación de nubes bajas https://meteoescuela.aemet.es/extremadura/storage/app/media/recursos_educativos/poster_GuiaIdentificacionNubesBajas.pdf	Elaboración de una **infografía digital** con herramientas como Canva o Genially.

© narcea, s.a. de ediciones

− Guía de clasificación de nubes altas

https://meteoescuela.aemet.es/extremadura/
storage/app/media/recursos_educativos/
poster_GuiaIdentificacionNubesAltas.pdf

el alumnado, en equipos, consultará el material para identificar y clasificar los diferentes géneros y especies de nubes.

• **Taller de nubes** (Obj. 2)

Cada equipo elige un tipo de nube clave (cirros, cúmulos, estratos, nimbostratos o cumulonimbos), crea una representación en 3D usando diferentes materiales (algodón, plastilina, goma EVA, etc.), investiga y prepara una exposición que incluya las características principales de la nube elegida y su relación con un fenómeno meteorológico.

Exposición oral sobre el tipo de nube que han modelado, relacionándola con fenómenos meteorológicos.

• **La DANA y sus impactos** (Obj. **1,4**)

Después de la explicación del fenómeno gota fría o DANA (¿Qué es una DANA? Formación, características y consecuencias), se analizarán las consecuencias sociales, económicas y ambientales de este fenómeno.

Elaboración de un breve **informe** digital o en papel titulado: "Lecciones aprendidas de la DANA"

Material:

− DANA, ¿QUÉ ES?

https://www.youtube.com/watch?v=Hr1Xpo_
RUXw

− DANA: así es el fenómeno meteorológico que afecta en otoño al Mediterráneo

https://www.nationalgeographic.com.es/
medio-ambiente/dana-espana-efectos-
fenomeno-meteorologico-que-cambia-
reglas-juego_20669

− Vídeo "Así se inundó Valencia: crónica visual del mayor desastre natural de España"

https://www.youtube.com/
watch?v=L5lXyh98ltg

– "Informe sobre el episodio meteorológico de precipitaciones torrenciales y persistentes ocasionadas por una Dana el 29 de octubre de 2024" de la AEMET

https://www.aemet.es/es/conocermas/recursos_en_linea/publicaciones_y_estudios/estudios/detalles/dana_oct_24_prelim

– "Un mes de la DANA, en mapas e imágenes: de las inundaciones al lento reinicio del día a día" de RTVE

https://www.rtve.es/noticias/20241129/dana-valencia-graficos-mapas-imagenes/16345347.shtml

• **Arte y clima** (Obj. 3)

Se analizan una selección de cuadros que incluyan nubes o paisajes tormentosos (p.ej. de artistas como Turner y Constable), para que los estudiantes elijan una de las obras y la reinterpreten.

https://historia-arte.com/artistas/william-turner

https://historia-arte.com/artistas/john-constable

• **Cambio climático y sostenibilidad** (Obj. 5)

Se relaciona el fenómeno DANA con el cambio climático y los ODS y se reflexiona y debate sobre la importancia de la prevención y la adaptación al cambio climático.

¿Qué acciones individuales y colectivas podemos tomar para mitigar el impacto del cambio climático?

Material:

– El cambio climático

https://view.genially.com/67a8b774a39cb236696fde78/interactive-content-1eso21el-cambio-climatico

– Objetivos de desarrollo sostenible

https://www.un.org/sustainabledevelopment/es/objetivos-de-desarrollo-sostenible/

Selección de una de las obras analizadas para su *reinterpretación* (dibujo, pintura, collage o montaje fotográfico), relacionándola con el fenómeno de la DANA o con situaciones climáticas actuales.

Observación de los trabajos de investigación y *feedback* inmediato sobre su avance.

3. ACTIVIDAD FINAL	
• **Conoce, cuida y actúa: nuestra respuesta a la DANA** (Obj. 1,4,5,6,7) Cada equipo elaborará una **guía visual** para explicar la formación de una DANA, sus efectos y medidas de prevención. Pueden elegir el formato entre un cartel informativo (físico o digital), un folleto o un vídeo corto. Podrían usar la reinterpretación de la obra de la actividad "Arte y clima" como elemento visual central de su cartel o folleto.	Se utilizará una rúbrica para evaluar el contenido, creatividad, relevancia de las propuestas de prevención y habilidades comunicativas y dianas de autoevaluación y coevaluación para reflexionar que el alumnado reflexione sobre su aprendizaje y el trabajo en equipo.

2. EL MOVIMIENTO: *"MOVIMIENTO EN LA CIENCIA: CINEMÁTICA"*

Implicar a los estudiantes en un trabajo según el método científico es complicado. *La motivación, el proceso riguroso y la dinámica interactiva* que describe esta unidad, implementada con alumnado de 15 años, hace que sirva como ejemplo de cómo proporcionar instrucciones claras y facilitar al alumnado un sistema de trabajo bien estructurado.

Realidad y Título	Realidad: El movimiento Título: *"El movimiento en la ciencia. Cinemática"*

Materias: Física y Matemáticas. **Nivel:** 4º ESO (15 años). **Unidad:** n° 1. **Temp.:** 6 sesiones

¿QUÉ QUIERO QUE APRENDAN? Contenidos de la materia	¿QUÉ VOY A EVALUAR? Objetivos para los alumnos (Se tiene en cuenta la taxonomía de Bloom)
Tipos de variables • Variables independientes. • Variables dependientes. • Variables controladas. **Velocidad** •Diferencia entre velocidad media y velocidad instantánea. **Movimiento uniforme** • Interpretación de gráficas posición – tiempo. • Significado físico de la pendiente en una gráfica. • Cálculo de la velocidad media a partir de una gráfica posición – tiempo.	Al finalizar la unidad los estudiantes serán capaces de: 1. Diferenciar e identificar los tipos de variables de una comprobación experimental. 2. Distinguir entre velocidad media y velocidad instantánea de un movimiento. 3. Comprender que los movimientos se pueden representar con una gráfica posición – tiempo. 4. Interpretar el significado de la pendiente de una gráfica. 5. Escribir la ecuación de un movimiento.

⟶

- Utilización de la ecuación del movimiento para realizar predicciones.

Análisis de regresión lineal

- Dispersión de los datos.
- Coeficiente de regresión lineal.
- Recta de regresión.

Reflexión sobre el impacto de la Ciencia

- Capacidad predictiva de la ciencia.
- Iniciativa y creatividad
- Argumentación de las ideas
- Creatividad y autonomía

6. Describir el movimiento de un objeto mediante la lectura e interpretación de sus gráficos distancia-tiempo.

7. Elaborar gráficos de distancia-tiempo que describen el movimiento de un móvil.

8. Calcular la velocidad media de un móvil a partir de la pendiente de la gráfica posición-tiempo.

9. Calcular el coeficiente de regresión lineal.

10. Calcular la recta de regresión lineal.

11. Tomar conciencia de la capacidad predictiva de la ciencia con el objetivo de tomar decisiones y definir acciones.

12. Aprender a valorarla en frente de otras estrategias predictivas que no se basan en la evidencia.

13. Demostrar creatividad e iniciativa a la hora de utilizar entornos experimentales donde validar hipótesis.

14. Utilizar el conocimiento científico para argumentar de manera fundamentada y creativa.

15. Pensar de manera autónoma y creativa, asumiendo que el conocimiento científico evoluciona a partir de la búsqueda de evidencias y también de las discusiones sobre las maneras de interpretar los fenómenos.

SECUENCIA DE ACTIVIDADES (Poner el número del objetivo/s a los que hace relación)	¿CÓMO LO VOY A EVALUAR? Actividades de evaluación referidas a cada actividad
1. MOTIVACIÓN INICIAL (1 sesión) Al iniciar la sesión se quema una varilla de incienso. Los alumnos están intrigados y se debate sobre si les gusta el olor, para qué se utiliza… de forma que se plantean las preguntas de la indagación que van a realizar. El experimento consistirá en quemar una varilla de incienso, para determinar si se quema a velocidad constante (movimiento uniforme) o no. Plantean su hipótesis y deben de comprobarla o descartarla experimentalmente. Durante el proceso, deberán ser capaces de contestar a las siguientes preguntas de indagación: • *¿Cuál ha sido la variable dependiente de tu experimento?* • *¿Cuál ha sido la variable independiente?* • *¿Ha habido variables controladas?* • *¿Cuántas formas hay de medir la velocidad?* • *¿Podrías medir la longitud de una varilla de incienso si solo dispones de un cronómetro?* Dinámica de formación de los grupos (grupos heterogéneos de cuatro alumnos). Esto se puede obviar si hay unos grupos base de cooperativo que funcionan bien.	Observación y anotación de la participación.
2. DURANTE EL PROCESO (3 sesiones, 1 para la toma de medidas y 2 para la realización de la memoria)	
• Explicación de los tipos de variables, controladas, dependientes e independientes que vamos a manejar.	• Minitest de cinco preguntas con experimentos en los

Cada grupo deberá escoger si la variable dependiente de su experimento será la longitud o será el tiempo, valorando las ventajas e inconvenientes en cada caso. Obj. **1,2**).

Ejemplo práctico usando Excel de análisis de dispersión y regresión lineal en una tabla con datos ficticios (Obj. **9,10**).

Se les facilita la guía y rúbrica con la que serán evaluados en el producto final que será la memoria o informe de su investigación:

https://view.genially.com/60053ee44bfa890d0b183b31/dossier-practica-del-incienso

En el enlace acceden a la presentación interactiva en la que se pauta la investigación y práctica que deben realizar, usando los conocimientos adquiridos (Obj. **3,4,5,6,7,8**).

que los tiene que diferenciar los tipos de variables

Durante el proceso de la toma de medidas y del análisis de los datos, hay un *feedback* permanente sobre el procedimiento.

Guía para la elaboración de un informe de laboratorio

El informe debe tener la estructura usual de un trabajo científico. Incluye:

1. **Título.** Nombre de la práctica.
2. **Autores.** Sólo los que asistieron a la sesión y contribuyeron al trabajo.
3. **Fechas de realización y entrega.**
4. **Resumen.** Qué se hizo, cómo se hizo y que resultó.
5. **Introducción.** Una descripción muy breve del tema de trabajo.
6. **Teoría.** La necesaria para entender el tema y encontrar las ecuaciones útiles para el experimento. Las deducciones largas deben dejarse para un apéndice.
7. **Método experimental.** Aquí se describe con detalle el procedimiento seguido para obtener los datos o para observar los fenómenos de interés.

Rúbrica de evaluación o informe de laboratorio.

La evaluación de los informes es parte de la calificación final. Se tienen en cuenta los resultados obtenidos, pero también su discusión.

Se valora que en el texto se refleje o no la comprensión que se adquirió sobre el tema investigado.

© narcea, s.a. de ediciones

8. **Resultados.** Deben listarse los datos directamente obtenidos, así como los procesados con sus promedios, incertidumbres y demás parámetros de interés. Deben indicarse claramente las ecuaciones y las fórmulas utilizadas. Es muy conveniente presentar conjuntos grandes de datos en forma gráfica.

9. **Discusión.** Es una parte fundamental del trabajo y debe dedicarse especial atención. De manera fundamentada deben analizarse los resultados obtenidos. Este análisis debe conducir de manera congruente a las conclusiones.

10. **Conclusiones.** Realizar solo afirmaciones que sean consecuencia directa de la discusión. No repetir ésta. Las conclusiones deben ser compactas y claras.

11. **Bibliografía.** Deben citarse los documentos que han sido utilizados para preparar el informe, incluyendo los números de las páginas consultadas. No se deben hacer citas genéricas a textos solo para llenar el espacio

---

Nota. El texto deberá tener una redacción clara y concisa. La preferencia es elaborarlo con un procesador de textos. Las unidades, las gráficas, las figuras, la bibliografía y demás partes del informe deberán seguir las normas usuales. Si hay dudas, preguntar al profesor. Cuando el objetivo de una práctica incluya la medición de una cantidad física o química, deberá incluirse el resultado de dicha medición con su incertidumbre, haciendo explícita la manera en que fue obtenida. Algunas prácticas sólo incluyen la realización de un experimento para observar un fenómeno. En tal caso, se espera una descripción detallada y la explicación física correspondiente.

3. ACTIVIDAD FINAL (1 o 2 sesiones)	
• En la actividad final, cada grupo expondrá los resultados de su investigación e indagación al resto, y compararán los resultados, debatiendo si ha influido el tipo de varilla, el olor, el grosor, la longitud…	• Los alumnos evalúan con CoRubrics el trabajo de cada uno de los grupos • Coevaluación mediante una rúbrica.

© narcea, s.a. de ediciones

• Para finalizar, deberán entre todos tomar la decisión de qué tipo de varilla es mejor, poniéndose de acuerdo en los criterios que van a utilizar para tomar la decisión, basándose en los resultados obtenidos experimentalmente (Obj. **10,11,12,13,14,15**)

3. LA POESÍA: "POESÍA ERES TÚ"

Aunque se hace alusión a la interdisciplinaridad, aquí se describe una Unidad de una sola materia: Lengua y Literatura española. Es un ejemplo de *integración de contenidos* de diverso tipo (léxico, morfología, sintaxis y literatura) de forma rigurosa en una secuencia de actividades fluida, con sentido y llena de belleza.

Realidad y Título	Realidad: La poesía y los momentos vitales de las personas* Título: *"Poesía eres tú"*

Materia: Lengua Española. **Nivel:** 2º ESO (13 años). **Unidad:** nº 3.
Temp.: 8-10 sesiones

¿QUÉ QUIERO QUE APRENDAN? Contenidos de la materia	¿QUÉ VOY A EVALUAR? Objetivos para los alumnos (Se tiene en cuenta la taxonomía de Bloom)
La poesía • El protagonista lírico • Los grandes temas de la poesía • El lenguaje simbólico • Recursos estilísticos de la poesía • El ritmo y la rima • La medida de los versos • Las estrofas: arte mayor y arte menor **Estudio de la morfología a través del poema:** **El verbo** • Significado • Los morfemas flexivos del verbo: persona y número, modo, aspecto y tiempo	Al finalizar la unidad el estudiante será capaz de: 1. Recitar adecuadamente un poema (ritmo, entonación, tono de voz ...). 2. Comprender el tema de un poema y expresarlo adecuadamente. 3. Localizar las figuras literarias de un poema y explicitar su significado. 4. Medir los versos, indicar la rima, hacer su esquema métrico e identificar el tipo de estrofa. 5. Escribir un poema usando un modelo. 6. Clasificar cualquier tiempo verbal en textos poéticos según sus morfemas verbales: persona, tiempo, modo, número y aspecto. 7. Distinguir las perífrasis verbales de los verbos y comprender el uso de sus distintos significados: obligación, posibilidad, etc.

→

- La conjugación verbal
- Las perífrasis verbales

El adverbio

- Categoría invariable
- Clasificación
- Locuciones adverbiales
- Otras categorías gramaticales invariables (revisión): preposiciones, conjunciones e interjecciones.

Literatura:
el Romanticismo

- Gustavo Adolfo Bécquer
- Rosalía de Castro

8. Comprender la función del adverbio y su clasificación.

9. Distinguir, clasificar y usar adverbio y loc, adverbiales en el discurso.

10. Comprender la función de las preposiciones, memorizarlas y utilizarlas adecuadamente creando poemas.

11. Conocer la vida de Bécquer y de Rosalía de Castro.

12. Reflexionar y analizar los momentos vitales del poeta a través de su poesía e interpretar sus poemas.

13. Comprender y expresar el tema y los recursos literarios con los que se expresan Bécquer y Rosalía.

14. Describir a un poeta imaginario fijándose en los dos modelos románticos trabajados.

15. Apreciar la lengua gallega a través de un poema.

SECUENCIA DE ACTIVIDADES (Poner el número del objetivo/s a los que hace relación)	¿CÓMO LO VOY A EVALUAR? Actividades de evaluación referidas a cada actividad
1. MOTIVACIÓN INICIAL * (1ª sesión) a través del poema: "Con tres heridas" de Miguel Hernández, captar los temas esenciales de esta poesía. a. Audición del poema b. Recitación c. Reflexión sobre el tema central (la herida) y los subtemas temas universales que presenta (vida-amor-muerte)	- Recitación. – Evaluación inicial. Se les da una rúbrica a los estudiantes sobre una adecuada recitación. -Cuando uno recita, el resto de la clase toma nota según rúbrica.

© narcea, s.a. de ediciones

d. Personalizar el tema con la participación y el compartir (Qué me dice a mí) * Detección del recurso usado: el paralelismo (repetición de una estructura con la misma clase de palabra) y el orden de las palabras para jerarquizar significados (Obj.1,2,3).	– Se recogen las rúbricas y se toma nota solo para saber de donde parten.

2. DURANTE EL PROCESO **"Córdoba, lejana y sola"** (1 sesión) de Lorca: captación del tema **a través de unas pautas dadas que les guía hasta el descubrimiento del mismo**: imágenes y significado (luna grande, jaca negra, ...) recursos gramaticales (interjección, enumeración, adjetivos (sinestesia), ...y otros recursos (ritmo interno). **Rima y ritmo de un poema** (1 sesión): análisis del ritmo y la rima en diferentes estrofas de diferentes poemas. Por parejas. (Obj.2,3,4).	• Se evalúa el trabajo en parejas mediante observación: actitudes, ritmo de trabajo, ayuda entre iguales y producto del trabajo.
• **Crear un poema** sustituyendo la ciudad de Córdoba por otra y ajustándose a rima y ritmo del poema de Lorca y creando un paralelismo sintáctico con el modelo (Obj.5)	• Se leen en alto y se valoran por la clase. Se exponen las estrofas creadas

• **"Abre la muralla"** (2 sesiones) de Nicolás Guillén e interpretación musical de Ana Belén:
  e. Audición de la canción
  f. Recitación del poema siguiendo la rúbrica dada en la fase anterior (en parejas)
  g. Descubrir el significado del lenguaje simbólico en el poema con una dinámica interactiva (entre las mismas parejas) (Obj.1,2,3).
	• Evaluación de la recitación individual y también grupal, es decir, dos notas, según rúbrica.
	
	• Se les recoge y se toma nota del resultado del trabajo sobre lenguaje simbólico.

• **"Sería fantástico..."**. Serrat. Con esta canción trabajar la diferencia entre modo indicativo y subjuntivo. Completar el espacio en blanco de la canción con un tiempo verbal en indicativo o subjuntivo. (en parejas). Localizar el tema y subtemas y dar nuestra opinión personal en relación a los deseos. Expresar otros deseos usando el subjuntivo (Obj.2,6).	• El docente observa y toma notas de la recitación y apreciación de cada estudiante. • Este trabajo es corregido por la clase con ayuda de la profesora.

• **Cuadro verbal**. Dado un cuadro con los tiempos verbales, escribir una frase que sea significativa y que haya sido encontrada en canciones u otros textos. En una dinámica interactiva comparten y corrigen (Obj.6).

• **Breve test:** con frases desordenadas, **identificar** los tiempos verbales de los ejemplos **del cuadro anterior.** (Obj.6)

• **Juego de perífrasis verbales.** Escribir 5 frases con p. verbales diferentes. Formar parejas y localizar los distintos significados de las p. verbales del compañero. Hacer este mismo ejercicio en grupos de 4 (Obj. **6,7**).

• **Juego de perífrasis verbales.** Escribir 5 frases con p. verbales diferentes. Formar parejas y localizar los distintos significados de las p. verbales del compañero. Hacer este mismo ejercicio en grupos de 4 (Obj. **6,7**).

• *Investigar* sobre la vida y la obra de **Rosalía de Castro**: tomar notas de un vídeo: **https:// www.youtube.com/watch?v=YKHVbqr2ykQ** (y completar estas notas con el compañero) (Obj.**11**).

• **Poema "El sufrimiento"** Completar palabras del gallego al castellano de un poema de Rosalía de Castro. http://procomun.educalab.es/ es/ode/view/1416349685685 (Obj.**15**).

Recitación del poema en ambas lenguas previamente ensayado en grupo. Apreciación de la lengua gallega a través de una lluvia de adjetivos.

En grupo, Identificar el tema del poema y sus figuras literarias, y el esquema métrico (Obj.**2,3,4,15**).

• Cada estudiante va exponiendo en alto su ejercicio y los que escuchan, profesor y estudiantes, comentan y corrigen.

• Se recogen los ejercicios y el docente los puntúa. Después se reparten en grupo y contrastan los resultados.

• Observación de la dinámica por la profesora.

• Observación de la dinámica por la profesora.

• Se recoge el ejercicio redactado sobre el vídeo, se evalúa y se completa en la clase.

• El docente observa y toma notas de la recitación y apreciación de cada alumno.

• Este trabajo se corrige por la clase con ayuda de la profesora.

Era apacible el día. En grupo, lectura y análisis de forma (métrico, estilística, gramatical) y contenido del poema de Rosalía de Castro (Obj.**4,6,12,13**).

• **Vida y obra de Bécquer.** Hacer esquema del documento. seguir esta página:

http://www.espaciobabelia.net/litonline4/index_files/Page1313.htm (Obj.**11**).

• **Rimas de Bécquer.** Identificar tema, esquema métrico y figuras literarias de un conjunto de Rimas de Bécquer entregadas. (Obj.**3,4**).

• **Recitación de las Rimas** trabajadas. Se ensayan en el grupo y más tarde, cada uno elige una de ellas para ser recitadas (Obj.**1**).

• **El artista romántico.** Extraer los rasgos fundamentales de un artista romántico y hacer una descripción personal (ya estudiada en unidades anteriores). Tomar información en:

http://paolaliteratura.blogspot.com.es/2009/03/romanticismo.html

Ponerle nombre al personaje y describirlo personalmente con los rasgos físicos y psicológicos. Pueden elegir a artistas románticos reales. Finalmente, leen sus descripciones en clase (Obj.**14**)

• **Dada una tabla con las clases de adverbios** y locuciones adverbiales, escribir oraciones encontradas **en canciones o poemas trabajados** en esta unidad con las distintas clases de adverbios (Obj.**8,9**).

• *"En un rincón del alma".* Localizar **las preposiciones** del poema. Crear otros poemas usando cada preposición siguiendo el modelo. Se intercambian los poemas creados y se advierte que estén todas las preposiciones correctamente usadas (Obj. **5,10**).

• Se recoge el análisis del poema de Rosalía de Castro *Era apacible el día*

• Se corrige en gran grupo.

• Se corrige en gran grupo según rúbrica para la recitación

• Se recogen los textos elaborados por los alumnos y se evalúa la descripción.

• Se corrige entre todos

• En parejas lo corrigen y lo entregan al docente para su posterior corrección.

• Los estudiantes corrigen en parejas sus ejercicios.

El docente recoge los ejercicios con las correcciones.

© narcea, s.a. de ediciones

➤

3. ACTIVIDAD FINAL • **Recital de poemas.** (2 sesiones). Con poemas trabajados en clase se organiza un recital de poemas para el día de san Valentín, especialmente de Bécquer y Rosalía de Castro. Incluir,	A través de unas pautas dadas, cada grupo evalúa el recital de los otros grupos, según estos aspectos:
si lo vemos posible, poemas de Juan Ramón Jiménez, Antonio Machado y Rubén Darío. Buscar en la web la información que necesitemos. Trabajan en parejas o tríos para elegir el poema y ensayar para su recitación. Después del recital se entrega algún premio simbólico (ej. un lápiz para cada uno…) a los dos o tres grupos con mayor puntuación y se disfruta de nuevo escuchando estos poemas de manera relajada…	• Búsqueda del material, • Presentación del poeta, • Recitación del poema • Música que lo acompaña

* Nota. La realidad interdisciplinar con otras materias es el ritmo.

© narcea, s.a. de ediciones

9. Las estrategias de aula

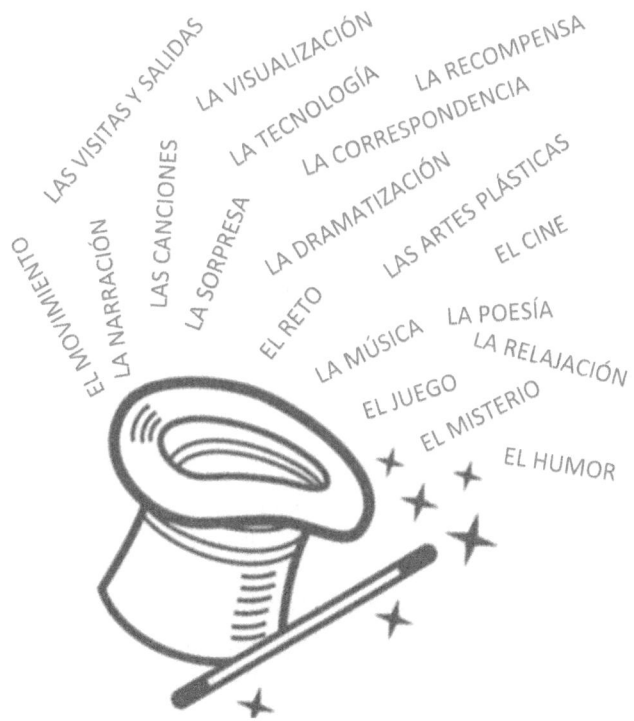

LAS VISITAS Y SALIDAS
LA VISUALIZACIÓN
LA TECNOLOGÍA
LA RECOMPENSA
LAS CANCIONES
LA CORRESPONDENCIA
EL MOVIMIENTO
LA NARRACIÓN
LA SORPRESA
LA DRAMATIZACIÓN
LAS ARTES PLÁSTICAS
EL CINE
EL RETO
LA MÚSICA
LA POESÍA
LA RELAJACIÓN
EL JUEGO
EL MISTERIO
EL HUMOR

1. Fundamentación

Este capítulo final muestra una serie de estrategias motivadoras. Estas experiencias se han extraído de diferentes Unidades de Aprendizaje y guardan una estrecha relación con lo expuesto en los capítulos anteriores. Según Francisco Mora (2021), para aprender es necesario una atención despierta, sostenida y consciente. El éxito de las estrategias que presentamos radica en que, correctamente implementadas, crean una emoción positiva que predispone al alumnado y le motiva para mantener su atención. Así pues, el que enseña tiene que ser capaz de convertir cualquier concepto, por aburrido que pueda parecer inicialmente, en algo interesante y ameno. De esta forma, el aprendizaje se vuelve fluido y eficaz, sin perder su rigor. Además, así se refuerza el buen clima en el aula.

¿A qué llamamos estrategia? Partimos de la definición del diccionario de la RAE: "Las estrategias son las acciones encaminadas a dirigir un asunto o conseguir un fin". Según esta definición, está claro que el fin que se persigue está estrechamente relacionado con la propia estrategia. Por eso, las acciones que diseñemos deben buscar la implicación del estudiante para alcanzar los objetivos propuestos.

Según Héctor Ruiz (2020), no tiene sentido hablar de motivación sin tener en cuenta una meta. Es relativamente fácil crear actividades divertidas, pero esto no es un fin en sí mismo. No se trata de tener a los alumnos entretenidos. Las estrategias siempre tienen que estar encaminadas al aprendizaje, lo cual no está reñido con la diversión y la motivación por aprender.

Así mismo, compartimos totalmente lo que Edgar Morin (2003) expone en su libro *Educar en la era planetaria*, cuando diferencia entre programa, método y estrategia. Mientras que el programa es algo fijo que no improvisa ni innova, *el método,* según Morin, ensaya estrategias para responder a las incertidumbres, es decir, a las diferentes situaciones que se pueden dar en el aula cada día. Estas estrategias son abiertas, evolutivas, afrontan lo imprevisto, lo nuevo. "La estrategia *encuentra recursos y rodeos, realiza inversiones y desafíos"* (p. 31).

A pesar de su carácter singular y adaptado a una situación concreta, las estrategias que hayan tenido éxito siempre podrán ser archivadas y puestas en práctica en otro momento conveniente, aunque pueda ser necesaria su modificación. En este capítulo presentamos ejemplos de estrategias que, aunque diferentes, muestran una esencia común y comparten la característica de su versatilidad en cuanto a formas y recursos. Por consiguiente, pueden ser adaptadas e implementadas en otros niveles y áreas distintas a las que se realizaron.

2. Claves motivadoras

A lo largo de años de investigación en la metodología de la enseñanza, se ha comprobado que existe una serie de claves motivadoras para que una estrategia consiga su objetivo y despierte el interés por aprender. Estas claves son muy variadas, pero todas ellas apelan a aspectos del ser humano que van más allá de lo meramente cognitivo y conectan con distintas dimensiones de la persona. El juego, la música, el sentido del humor… han estado siempre presentes en la humanidad, porque son elementos que suscitan emociones. Y, según Héctor Ruiz (2020, p.156) son las emociones las que determinan la motivación por aprender. Enumeramos algunas de estas claves:

- La sorpresa.
- La música.
- El juego.
- La dramatización y las artes escénicas.
- Las canciones.
- La poesía.
- La pintura y las artes plásticas.
- Las visitas a museos y lugares de interés.
- La tecnología.
- La relajación.

- Las salidas por la ciudad o el campo.
- El sentido del humor.
- La visualización
- Correspondencia con destinatarios reales
- El cuento y la narración.
- La recompensa.
- El reto. El desafío.
- El misterio y la intriga.
- El movimiento
- Las imágenes.
- El cine.

Las experiencias que se presentan a continuación, 13 en total, llevadas a cabo por las autoras de este libro, utilizan alguna o varias de las claves enumeradas. Todas ellas, aunque fueron creadas para un contexto determinado, pueden ser adaptadas a otras situaciones. El criterio elegido para el orden en el que aparecen las experiencias ha sido combinar la variedad de claves, situaciones, tipo de actividad, edades, etc., de modo que su lectura sea amena y suscite el interés al contrastar las unas con las otras. Deseamos que resulten inspiradoras a los lectores.

3. Estrategias. Nombres de las actividades y claves motivadoras

1. **Juegos de vasos** *"cup's rythm"* (El movimiento en el aula)
2. **El arte cuenta la historia** (El arte pictórico)
3. **Puchero a la francesa** (La sorpresa y el misterio)
4. **Bajando revoluciones** (La relajación)
5. **La Odisea. Los viajes de Ulises** (La dramatización)
6. **Anne y Hellen: Valor y coraje** (La narración oral y escrita)

7. Cantar alegra el corazón (Las canciones)

8. Un muro es un arma muy poderosa (La pintura, la narración)

9. Cartas que llegan (La correspondencia con destinatarios reales)

10. Imitando al poeta (La creación poética)

11. El hilo roto de Ariadna (El misterio, el reto y el juego: "Escape room")

12. La invención de Hugo (El cine)

13. Juegos para el Camino (La recompensa. El juego)

© narcea, s.a. de ediciones

1. Juegos de vasos *"cup's rythm"*

Nombre de la actividad	Clave motivadora	Propósito
Juegos de vasos *"cup's rythm"*	El movimiento en el aula	Práctica y repaso de contenidos utilizando vasos de plástico duro para hacer juegos rítmicos de percusión (*cup´s rythm*). En este caso, trabajar la formulación de compuestos binarios implicando a toda la clase en la tarea.

Descripción de la estrategia

Material: 30 vasos de plástico duro, iguales, y etiquetas. Aunque se puede adaptar con otros propósitos, esta experiencia se realizó para repasar y practicar la *formulación de compuestos químicos*. A lo largo de la actividad se va generando una tabla con los nombres y las fórmulas en las diferentes nomenclaturas de la siguiente manera:

1. En la mitad de los vasos se pegan etiquetas con fórmulas, y en la otra mitad con los nombres correspondientes en una de las nomenclaturas estudiadas.

2. Los alumnos se colocan en círculo y solo tienen encima de la mesa una hoja de papel y un lápiz. Preparan la tabla con tres columnas, una para la fórmula, y otras dos para los dos nombres posibles de la misma.

3. Se reparte aleatoriamente un vaso a cada alumno. Los que sobren se colocan boca abajo en una mesa en el centro del círculo.

4. Por turnos, van creando diferentes ritmos y se van pasando los vasos hasta que la profesora para el tiempo. Apuntan en su tabla lo que pone en el vaso que les ha tocado en la columna correspondiente.

© narcea, s.a. de ediciones

5. Se levantan todos y buscan la "pareja" de su vaso, es decir, el nombre o fórmula correspondiente. Cuando lo encuentran, lo intercambian y se sientan para apuntarlo en su tabla y completar la información del compuesto apuntando el nombre en la otra nomenclatura. Al principio es más difícil porque todos están en juego, pero según se van sentando los que ya han encontrado su pareja, a los que quedan les resulta más fácil.

6. Se vuelve a empezar. Cuando se ha repetido las veces que el docente estime oportunas, se les coloca en parejas para comparar las tablas y corregirlas.

Reflexión sobre la experiencia

Dado que la práctica de la formulación puede resultar tediosa para parte del alumnado, en lugar de facilitar una tabla para completar las fórmulas y nombres de los compuestos, con esta estrategia la generan ellos mismo de forma lúdica y divertida. Se tarda un poco más, pero nos aseguramos de que todos están implicados en la tarea.

Además, introducimos el movimiento en el aula, se producen interacciones entre toda la clase y se estimula la creatividad. Al final, se consigue hacer el repaso y practicar el contenido.

2. El Arte cuenta la Historia

Nombre de la actividad	Clave motivadora	Propósito
El arte cuenta la Historia	Arte pictórico	Identificar acontecimientos históricos a través de imágenes. Reforzar los conocimientos de Historia del Mundo Contemporáneo trabajados en 4º de ESO (15 años) y desarrollar la capacidad de análisis histórico y visual

Descripción

La profesora proporciona a cada pareja o grupo un conjunto de imágenes de diferentes obras de arte pictóricas vinculadas a acontecimientos clave de la historia contemporánea. El alumnado debe identificar los acontecimientos históricos representados en las imágenes y ordenarlos cronológicamente. Seguidamente, cada grupo muestra su resultado al resto de la clase.

Este ejercicio fomenta el aprendizaje colaborativo, ya que los estudiantes discuten y justifican sus decisiones de manera argumentada. La estrategia utiliza el arte como un medio narrativo, convirtiendo las imágenes en "escenas clave" que estimulan la imaginación, el análisis crítico y el razonamiento histórico.

Reflexión sobre la experiencia

La actividad permite a los estudiantes repasar contenidos previos de manera dinámica, reforzar su comprensión de los procesos históricos y desarrollar competencias, como la interpretación de mensajes visuales en un contexto histórico, el establecimiento de relaciones cronológicas y el trabajo en equipo.

3. Puchero a la francesa

Nombre de la actividad	Clave motivadora	Propósito
Puchero a la francesa	Sorpresa y descubrimiento. Sentido del humor	Despertar la curiosidad y centrar la atención con algo inesperado y, de este modo, motivar a los estudiantes para que consigan descubrir de qué trata el nuevo tema que se va a ver en las próximas clases. Desarrollar la capacidad de asociar unas cosas con otras. Ampliar el vocabulario y formar frases con esas palabras. Vivenciar algo con sentido del humor.

Descripción

Estamos en la semana de Halloween. La profesora se presenta ante el alumnado con un gorro de bruja y un puchero negro y dice a la clase que el puchero contiene la pócima de lo que van a ver en clase a continuación. Seguidamente, va caminando por las filas, pidiendo que saquen ingredientes para la pócima del nuevo tema. Los estudiantes van sacando papeles y objetos, los nombran en francés y van relacionándolos, según la profesora bruja pasea por la clase. Todo ello tiene que ver con los contenidos del nuevo tema. Poco a poco deducen de qué se va a tratar, porque todo tiene conexión.

Ejemplo Una alumna, Marta, saca un papel con la palabra *mince* (delgado, delgada), mientras que Gustavo saca un dibujo de una persona y su compañero Lucas encuentra otro papel con la palabra *blonde* (rubia). ¿De qué vamos a tratar? Descripciones de personas, comparativas, etc.

Esta experiencia se puede realizar en varios cursos, con alumnos y alumnas de diferentes edades, adaptando los distintos elementos.

© narcea, s.a. de ediciones

Reflexión sobre la experiencia

Los estudiantes se vieron atraídos por el juego en un ambiente distendido y atento, y les gustó la oportunidad de jugar a investigadores. Gustó especialmente porque se les presentaron los contenidos del tema que iban a dar de un modo distinto. La activación de conocimientos previos y la ampliación del vocabulario cobró sentido en el contexto, mientras que se fijó en sus mentes el tema que se iba a tratar.

Variante. *"La caja (o la bolsa) de las sorpresas"*: tiene la misma dinámica y se puede utilizar con el mismo u otros propósitos, como el de inventar historias, recordar un hecho histórico, realizar problemas matemáticos, etc., en relación con los objetos, palabras o números que se esconden dentro de la caja o de la bolsa.

4. Bajando revoluciones

Nombre de la actividad	Clave motivadora	Propósito
Bajando revoluciones	La relajación	Establecer un estado de calma, antes de comenzar la clase o previo a un examen cuando los estudiantes vienen excitados, "subidos de revoluciones" por alguna actividad previa. Por ejemplo, después del recreo, de clase de educación física, o se sienten tensos por la inmediatez de un examen.

Descripción

Según van entrando en el aula y ocupando sus asientos, se les indica con gestos que vayan guardando silencio para escuchar una música relajante. La profesora les dice que tienen cinco minutos para descansar mientras suena la música. Pueden cerrar los ojos si lo desean, cruzar los brazos sobre su mesa y apoyar la cabeza sobre ellos, o simplemente hacer garabatos en una hoja de papel.

La única condición es estar en silencio para descansar. Pasado este tiempo, se va bajando el volumen de la música, se ponen rectos en las sillas y miran a sus compañeros con una sonrisa. Luego se comienza la clase según lo que corresponda ese día.

Variante. Una opción similar es realizar unos minutos de respiraciones conscientes. El docente puede poner de fondo una música relajante y con voz suave invitar y guiar a los alumnos para presten atención únicamente a su respiración. Cuando no se tiene práctica, resulta más fácil con los ojos cerrados. Conviene no forzar a los que no lo quieren hacer si no se sienten cómodos con ello, pero sí pedirles que mantengan el silencio y respeten a los que sí entran en la actividad. Las primeras veces pueden resultar desalentadoras, pero cuando los alumnos están entrenados para ello y dominan la técnica, lo reclaman y agradecen.

Ejemplos: Respiración del doble: Inspirar por la nariz mientras se cuenta hasta cuatro y expirar por la boca mientras se cuenta hasta ocho (o inspirar mientras se cuenta hasta cinco y expirar mientras se cuenta hasta diez, seis o doce...; cada uno según su posibilidad)

Reflexión sobre la experiencia

En ese estado de calma resulta mucho más sencillo concentrarse en las tareas, prestar atención e interactuar en la clase de modo más ordenado y eficaz. Cuando después tuvieron un examen, los alumnos manifestaron que en ese estado de tranquilidad habían rendido más.

Las respiraciones conscientes son una técnica sencilla pero poderosa que puede ayudar a los adolescentes a encontrar calma antes de un examen. Este enfoque se basa en dirigir la atención la plena al acto de respirar, lo que permite regular la respuesta fisiológica al estrés y promover un estado de tranquilidad mental. Al enfocarse en respiraciones lentas y profundas, se activa el sistema nervioso parasimpático, responsable de las respuestas de relajación del cuerpo. Esto ayuda a disminuir la frecuencia cardíaca, reducir la presión arterial y aliviar la tensión muscular, lo que contrarresta los efectos del estrés y la ansiedad. Además, esta técnica no requiere herramientas especiales ni mucho tiempo, lo que la hace fácilmente accesible en cualquier momento, incluso justo antes de ingresar al aula.

Con la práctica regular, los adolescentes pueden internalizar esta habilidad como un recurso personal para manejar no solo la ansiedad de un examen, sino también otras situaciones estresantes en su vida diaria. Esto les permite desarrollar una resiliencia emocional que les será útil tanto en su etapa académica como en su vida adulta. La respiración consciente, en esencia, se convierte en una herramienta valiosa para cultivar el autocontrol, mejorar la salud mental y fortalecer la autoestima.

© narcea, s.a. de ediciones

5. La Odisea. Los viajes de Ulises

Nombre de la actividad	Clave motivadora	Propósito
La Odisea, los viajes de Ulises	La dramatización, las artes escénicas, el suspense, el cuento y la narración.	Introducir al alumnado al mundo de la mitología y fomentar su conocimiento y su disfrute. Disfrutar de la mitología clásica. Afianzar la fluidez y corrección en la expresión oral y escrita como medio de desarrollo personal. Desarrollar la sensibilidad artística y literaria como fuente de formación y enriquecimiento cultural y personal. Desarrollar habilidades de trabajo colaborativo, investigación y comunicación.

Descripción

Este proyecto se realizó con alumnos de 4° de Primaria (9 años). Su duración fue de ocho semanas y en su desarrollo se cubrieron prácticamente todos los contenidos de Lengua del primer trimestre del curso. A modo de novela por entregas, cada día se contaba un nuevo capítulo de La Odisea. La historia estaba basada en distintas adaptaciones de la obra para niños, aunque ellos no tuvieron acceso a los textos escritos hasta el final del proyecto.

Tras la narración oral se realiza una actividad que, teniendo en cuenta la historia del día, cubra los objetivos académicos o lingüísticos que correspondan según programación (dictado, resumen, ejercicios de acentuación, sinónimos, uso del diccionario, análisis…). Para terminar, cada cual plasma de un modo artístico cómo ha imaginado la escena del día. Al comenzar la clase siguiente, por parejas o por grupos, recuerdan la historia hasta el momento o bien hacen alguna actividad oral motivadora y, seguidamente, se narra la siguiente aventura.

Durante todo el periplo los alumnos fueron trazando el trayecto de la embarcación de Ulises en su mapa personal del Mediterráneo hasta llegar a Ítaca. A la vez investigaban las conexiones históricas y geográficas de los acontecimientos de la obra, lo que les resultó muy interesante. De manera espontánea y sin ninguna intervención por parte de los adultos, los niños empezaron a representar su propia versión de *Los viajes de Ulises* durante los recreos y tiempos de ocio.

Ante la admiración de la tutora, se decidió hacer aquella motivación más formal y, tras consultar a las familias, se formó un grupo de teatro donde todos los alumnos de la clase representaron la obra sobre el escenario. Las familias ayudaron con los ensayos, los decorados y la vestimenta. Al final resultó una maravillosa experiencia de comunidad y de convivencia que resultó de lo más enriquecedora para todos los participantes. La obra se representó para el resto de la comunidad escolar, y estamos pendientes de actuar.

Reflexión sobre la experiencia

Enamorar a los niños de la mitología. Para regalo de Navidad muchos de ellos pidieron ediciones adaptadas del libro y algunas versiones de Playmobil del Monte Olimpo y los distintos dioses. Compartieron las historias con el resto del colegio y con sus familias de modo espontáneo y con mucha ilusión. Pidieron seguir con otras narraciones mitológicas durante el segundo trimestre. Mejoraron su expresión oral y escrita. Cohesionaron el grupo clase y el grupo de familias también. Disfrutaron de la experiencia de montar un teatro, con lo que supuso de superar miedos y mejorar autoestima.

6. Ann y Helen. Valor y coraje

Nombre de la actividad	Clave motivadora	Propósito
Ann y Helen. Valor y coraje	El cuento y la narración	Narración oral de una historia para realizar un trabajo escrito posteriormente.

Descripción

La profesora elige una historia en función de la relevancia que piense que pueda tener para el alumnado teniendo en cuenta el tema de interés que se esté abordando. Por ejemplo, en una unidad denominada *Courage* ("Valor"), cuyo tema de interés es el mundo de la discapacidad, la profesora narra la historia de Ann Sullivan de manera oral. Ann Sullivan es la maestra que enseñó a Helen Keller a leer y escribir a pesar de sus diversas discapacidades.

Se comienza describiendo una escena relevante de la historia que se va a contar e invitando a los estudiantes a que se la imaginen. En este caso el lugar es el orfanato donde vivía la protagonista y el hecho concreto una visita del inspector de educación. Se narra toda la infancia de Ann partiendo de este momento concreto que cambiaría su vida, pues ella aprovechó esta visita para suplicar al inspector que se la permitiera ir al colegio. Ann Sullivan atravesó por muchas dificultades: la muerte prematura de su madre, un padre alcohólico, pobreza, desarraigo, discapacidad visual.... pero finalmente consiguió titularse como maestra de educación especial para personas invidentes. La narración acaba cuando la joven maestra acaba sus estudios y se enfrenta con el reto de enseñar a una niña: Helen Keller, sordomuda, ciega y con graves problemas de conducta.

A continuación, la clase trabaja por parejas y hacen una lista con todos los problemas que tuvo Ann Sullivan desde su niñez. Se les pide que piensen cuál era el más grave desde su punto de vista. Después, lo ponen en común y en gran grupo se comparte sobre los

© narcea, s.a. de ediciones

distintos problemas que Ann tuvo que afrontar relacionándolos con los que conocen.

Esta estrategia nos sirve también de motivación para la lectura posterior de un texto con la historia de Hellen Keller. Seguidamente, teniendo en cuenta los datos que la profesora ha aportado en su narración oral de la historia de Ann, el alumnado tiene que elaborar la narración escrita de su biografía, empleando como modelo el texto escrito con la historia de Hellen Keller que se les ha proporcionado.

Reflexión sobre la experiencia

Se consiguió que practicaran la comprensión oral y que conocieran una historia real de superación. Asimismo, reflexionaron sobre el sufrimiento que algunas personas padecen en la infancia y la posibilidad de resiliencia. También realizaron un ejercicio de expresión escrita empleando el contenido de la narración oral.

© narcea, s.a. de ediciones

7. Cantar alegra el corazón

Nombre de la actividad	Clave motivadora	Propósito
Cantar alegra el corazón	**Las canciones**	Ampliar el vocabulario, mejorar la entonación. Conocer cantantes o grupos de otros países. Abordar temas de actualidad cercanos a la realidad de los estudiantes. Trabajar algunos aspectos gramaticales.

Descripción

Los estudiantes se sientan por parejas. Se les da únicamente el título de la canción y a través de una lluvia de ideas, establecen hipótesis sobre el posible tema. A continuación, escuchan la primera estrofa y se van eliminando las ideas escritas en la pizarra que no corresponden con el tema.

Se les reparte la canción cuyas estrofas están en desorden y faltan palabras. Por parejas ordenan las estrofas para que tenga sentido. Cada pareja va estableciendo hipótesis sobre el orden de las estrofas y se vota el grupo cuyo orden resulta más coherente. Cuando lo tienen, se escucha la canción y van corrigiendo las estrofas. Se escucha nuevamente la canción ya que faltan algunas palabras y los alumnos a continuación, deben ir completando los huecos. Para ello se repite la escucha dos o tres veces más según la necesidad de los alumnos. Una vez que la tienen, se corrige en voz alta. En negrita están marcados algunos adjetivos y se les pide que escriban los antónimos. Al final de la canción cada grupo debe escribir la última estrofa con versos que rimen entre sí. Tras haberla cantado deben buscar un título nuevo en función de la estrofa que han añadido.

© narcea, s.a. de ediciones

Como complemento, se puede ver el vídeo en clase o leer la biografía del grupo o cantante en cuestión.

Reflexión sobre la experiencia

Con esta actividad se consiguen, preferentemente, estos tres aspectos: mejorar el rendimiento en el aprendizaje de los estudiantes; establecer vínculos afectivos con la asignatura, viéndola más cercana; y motivarse y divertirse al cantar en voz alta.

8. Un muro es un arma muy poderosa

Nombre de la actividad	Clave motivadora	Propósito
Un muro es un arma muy poderosa	La pintura y las Artes Plásticas. La narración. La poesía. Recursos tecnológicos IA. El reto. Las visitas a museos.	Introducir a los alumnos al mundo de la expresión gráfica del *street art*. Apreciar las expresiones artísticas como potentes canales de comunicación. Reflexionar sobre el poder de dos imágenes contrapuestas para enviar un mensaje o reivindicar una idea. Experimentar con distintas técnicas artísticas. Escribir distintos tipos de textos: narración, biografía, descripción, poesía.

Descripción

Es parte de un proyecto donde se integran las asignaturas de Lengua, Inglés y Arte.

Se presenta al artista Banksy a través de una historia. Para ello se utilizan recursos de internet y también láminas grandes que son réplicas de obras del artista.

En primer lugar, se trabaja el vocabulario pertinente y las nuevas estructuras con distintas actividades: sopas de letras, crucigramas, definiciones…

En grupos se leen textos sobre Banksy para obtener información sobre su persona y obra Los alumnos la resumen en sus cuadernos. Seguidamente se trabajan las características de la personalidad del artista, buscando evidencias en los textos leídos y en nuevos grupos elaboran una biografía de Banksy poniendo especial atención a la secuencia temporal de acontecimientos.

Tras una introducción a lo que es un acróstico, los alumnos elaboran poemas con el nombre del artista o palabras relacionadas con su obra. Después los escriben de su propia imaginación. Se realizan diferentes actividades artísticas inspiradas en la obra de Banksy: pintura, estarcido con aerógrafo, pintar un muro del colegio con aerosoles, hacer montajes de fotografías con IA. Después, con las obras se organiza una exposición en el colegio.

Finalmente se visita el museo de Banksy de Madrid y los alumnos son los guías artísticos y quienes explican las obras.

Reflexión sobre la experiencia

La actividad se realizó con alumnos de 9 años.

Los alumnos elaboraron un proyecto muy completo del artista y su obra en lengua inglesa. Además, se consiguió ampliar los conocimientos de lengua inglesa y utilizarlos para una situación significativa para los alumnos. Así como, concienciar del valor de la imagen para comunicar y reivindicar ideas.

Con las obras se organizó una exposición en el colegio abierta para quien quisiera visitarla. Los alumnos fueron por las distintas clases compartiendo su proyecto y sus manifestaciones artísticas con el resto de los compañeros. También se organizó una visita al museo Banksy de la ciudad con las familias, donde los propios alumnos fueron los guías de la visita, siendo capaces de comunicar a los adultos todo lo que habían aprendido y reflexionado.

9. Cartas que llegan

Nombre de la actividad	Clave motivadora	Propósito
Cartas que llegan	Correspondencia con destinatarios reales	Trabajar la expresión escrita en cartas y en e-mails de manera significativa y comprometida.

Descripción

Cualquier estrategia que suponga "aterrizar" a la vida real, entrar en contacto con personas de carne y hueso, es muy gratificante. Por ello está muy bien aprovechar las ocasiones que encontremos para llevarla a cabo.

Amnistía Internacional publicó una serie de direcciones de presos de conciencia en distintas partes del mundo, y pidió que se les remitieran mensajes esperanzadores con motivo de la Navidad. En el comunicado se informaba sobre los idiomas en los que se podían escribir estos mensajes. La profesora eligió las direcciones a las que se podía escribir en inglés, y en grupos, escribieron cartas en las que los estudiantes se presentaban, les contaban brevemente su día a día, y les deseaban suerte con su caso, a la vez que expresaban sus buenos deseos para la Navidad. Estas cartas fueron remitidas a sus destinatarios.

Una de estas personas respondió desde Myanmar. Se trataba de un joven de 20 años encarcelado por sus ideas políticas, que, amablemente, les reprochaba que se quejaran de lo aburrida que era su vida de estudiantes y les invitaba a disfrutar de todo lo que tenían. Fue verdaderamente emocionante recibir esta carta que se leyó a toda la clase.

Esta actividad se llevó a cabo con una clase de alumnos de 16 años:

Los estudiantes estuvieron motivados para escribir cartas. También practicaron distintas fórmulas para expresar felicitaciones de Navidad. Además, tomaron conciencia del sufrimiento de las personas que están encarceladas por motivos de conciencia y así tuvieron la ocasión de desarrollar valores como la empatía.

Variante. En otras ocasiones se han intercambiado cartas o emails con estudiantes de otros centros del mundo. Por ejemplo, en un centro de Primaria hubo una experiencia muy interesante de intercambio de correspondencia con alumnado de una escuela inuit[3]. Esta actividad se inició por un proyecto que tenía relación con esta cultura, pero la correspondencia se prolongó a lo largo de todo el curso y fue muy enriquecedora para la clase.

---

[3] El 19 de marzo de 2017, la profesora canadiense Maggie MacDonnell recibía en Dubái el Global Teacher Prize, el conocido como el «Nobel de los profesores», por su proyecto educativo llevado a cabo en la población inuit de Salluit, situada en el territorio de Nunavik (Quebec, Canadá) y de apenas 1.300 habitantes. Los inuit habitan en un vasto territorio que se extiende a lo largo de casi 8.200 kilómetros de longitud, desde Kalaallit Nunaat (Groenlandia), las regiones árticas de Alaska y Canadá hasta la península de Chukotka (Rusia). Actualmente son unos 160.000 repartidos en diecinueve grupos con diferencias culturales importantes. Aunque los primeros contactos con los europeos se iniciaron a partir del siglo XVI, no fue hasta mucho más tarde, cuando la mayoría de grupos inuit iniciaron un proceso de aculturación que se extendió en líneas generales hace poco más de medio siglo. Actualmente, muchas comunidades inuit están intentando buscar una armonía entre el mundo moderno y el mundo tradicional, esperando que ese sea el motor de su desarrollo cultural, tanto en el presente como en el futuro. Y en este sentido, la educación se ha convertido en el instrumento que debe proporcionar este equilibrio sociocultural. A partir de finales de los años 70 y con la creación de los territorios autonómicos inuit (Kalaallit Nunaat, 1979; Nunavut, 1999 y Nunatsiavut, 2005), se empezaron a producir una serie de cambios en el sistema educativo, buscando reforzar la transmisión de las lenguas nativas y los valores inuit, pero conciliándolos con las demandas de la sociedad moderna.

© narcea, s.a. de ediciones

10. Imitando al poeta

Nombre de la actividad	Clave motivadora	Propósito
Imitando al poeta	La creación poética	Captar la importancia del ritmo, la rima y las figuras literarias del poema para comprender el mensaje del autor. Crear mensajes poéticos a partir de las propias creaciones.

Descripción

1. Ya hemos estudiado la etapa poética del Romanticismo, ahora decoran el aula con poemas famosos de Rosalía y Bécquer. Usan carteles de colores y proyectan imágenes que evocan diferentes emociones y sentimientos propios de esta etapa: melancolía, hastío, intimidad amorosa, evasión, rebeldía. También ambientan el espacio una música que evoca la etapa literaria del romanticismo: la sinfonía Heroica y la nº 5 de Beethoven; Nocturno de Chopin; O sinfonía inacabada de Franz Schubert.

2. **Lectura en voz alta**: Con la música de fondo, escogen un poema corto de Bécquer o Rosalía de Castro y lo leen en voz alta, prestando atención a la entonación y el ritmo. Luego, discute cómo se sintieron al escucharlo y qué imágenes o emociones les evocó.

3. **Taller de escritura creativa**: ahora se invita a los estudiantes a escribir su propio poema. Primero, se les proporciona una serie de estrofas o poemas breves de Bécquer y/o Rosalía y eligen al azar uno de ellos.

Por ejemplo, nos fijamos en la rima LII de Bécquer tan conocida:

Volverán las oscuras golondrinas
en tu balcón sus nidos a colgar,
y otra vez con el ala a sus cristales
jugando llamarán.

Pero aquellas que el vuelo refrenaba
tu hermosura y mi dicha a contemplar,
aquellas que aprendieron nuestros nombres,
ésas... ¡no volverán!

De los poemas elegidos, tienen que mantener la misma estrofa, pero pueden cambiar la rima, verbos, sustantivos y adjetivos, conjunciones y preposiciones en el mismo lugar que están en el poema modelo. Pero con estos cambios crean un nuevo mensaje. Todo en la medida de sus posibilidades.

De repente el aula se convierte en un taller de creación poética. Se mueven por la clase con libertad, van s sus diccionarios para encontrar sinónimos y palabras que rimen, cuentan el número de sílabas, intentan crear la figura retórica que se usa el poema modelo, se intercambian ideas, miden versos, luchan por encontrar el adjetivo que califique al nombre y consiga así la imagen poética que quiere plasmar, leen una y mil veces sus poemas para hacer cambios, mejorar el ritmo, se complacen en la imagen o la idea que ha nacido …

Disfrutan y se ríen mucho sin dejar de trabajar. El resultado es muy positivo y el proceso divertido. Copiamos el poema escrito por un alumno.

Llamará con dulzura el pastor
del redil a la sombra a regresar
y otra vez con sus quejas y balidos
trotando acudirán.

Pero esas que el pastor no contemplaba
sus quehaceres y sus campos trabajar
no pudieron atender a su llamada
esas … se perderán.

Este estudiante se ha ajustado lo máximo posible a la forma del poema modelo, pero ha nacido un poema nuevo, el suyo, el que ha encontrado

4. Se organiza un pequeño **"recital de poesía"** donde los estudiantes puedan compartir sus poemas. Esto no solo fomenta la creatividad, sino que también crea una tertulia literaria y aprecio por la expresión artística.

Reflexión sobre la experiencia

Se consiguió entender el valor de la escritura creativa y el aprendizaje de contenidos como la composición de estrofas y ritmos poéticos. Se despertó un interés importante por encontrar sustantivos y adjetivos con nuevos significados para construir imágenes e ideas. Aumentó la sensibilidad de los alumnos ante una imagen creada con palabras.

Profundizaron en los ambientes románticos y en el autor romántico entregado a su creación hasta la enfermedad.

Al compartir sus poemas, valorarlos y compartir dificultades, consiguieron una estupenda tertulia literaria a través de la cual profundizaron en el lugar que ocupa la poesía en nuestras vidas. Y es importante también reconocer que se sintieron orgullosos de sus propios poemas, disfrutaron, se rieron, y celebraron sus incipientes y jóvenes creaciones.

© narcea, s.a. de ediciones

11. El hilo roto de Ariadna

Nombre de la actividad	Clave motivadora	Propósito
El hilo roto de Ariadna	El misterio, el reto y el juego: *Escape room.*	Fomentar el interés por la cultura clásica y el origen de las palabras y descubrir cómo su conocimiento es significativo y puede aplicarse en diversas áreas del día a día del estudiante. Favorecer la cohesión grupal y el trabajo colaborativo entre iguales.

Descripción

Esta aventura de *escape room* se realizó cerca del final del curso con alumnado de 14 y 15 años, en la asignatura de Cultura Clásica. En cuanto a su temporalización, se desarrolló en dos o en tres sesiones según cada grupo.

Se comenzó con dos actividades iniciales de calentamiento. Primeramente, se realizó un juego de pistas de mitología con todo el grupo de clase y, seguidamente, un puzle en que, por grupos cooperativos, tenían que formar una frase. Una vez repasados los conceptos, se proyectó un vídeo motivacional creado por la profesora para presentar la aventura (https://youtu.be/qHtPQASmMEM?feature=shared).

Para el *escape room* se organizó a los estudiantes por parejas y se facilitó a la clase la narrativa siguiente: "Ariadna y Teseo, deben salir del laberinto del Minotauro en menos de 30 minutos, antes de que el monstruo llegue y los mate. Pero la diosa Atenea se apiada de ellos y les propone el desafío de intentar salir juntos del laberinto en ese tiempo. Para conseguirlo, tendrán que superar cuatro retos, (que guardan relación con contenidos dados en Cultura Clásica y el mito de Ariadna). Atenea les entrega el libro con los cuatro retos a cada pareja, y comienza la aventura contrarreloj para escapar".

Durante el desarrollo del juego se incorporan premios o insignias que se entregan según van resolviendo las pruebas. Además, se cuenta con cartas especiales de ayuda, para quienes necesiten alguna pista extra.

En algunos grupos, esta actividad se completó con un Kahoot o juego de cierre donde se recapitularon los conocimientos vistos durante la actividad.

Reflexión sobre la experiencia

Esta actividad resultó desde el principio muy motivadora para el alumnado, ya que aprendieron de manera lúdica, jugando y poniendo en marcha sus conocimientos de Cultura Clásica para solucionar los enigmas que se planteaban.

Además, se les dio la oportunidad de colaborar de modo efectivo entre ellos, tomando decisiones, calculando riesgos y estrategias y midiendo el tiempo restante como si se tratase de una verdadera aventura.

12. La invención de Hugo

Nombre de la actividad	Clave motivadora	Propósito
La invención de Hugo	El cine. Tráiler de una película	Desarrollar la capacidad creativa y artística a partir de la música y el cine. Utilizar estrategias lingüísticas para dar opiniones, expresar sentimientos, describir imágenes, relacionarlas con una historia y escribir sobre las propias opiniones y sentimientos.

Descripción

Como motivación inicial, se abre un debate sobre la importancia de las imágenes en la comunicación, pidiendo ejemplos y también sobre la música en este sentido.

A continuación, sin ver las imágenes, se escucha la banda sonora del tráiler de la película *Hugo* y se propone que en un papel en blanco escriban palabras o hagan dibujos que les inspire dicha música.

Seguidamente se proyecta el tráiler con sonido, explicando que es parte de una película. Voluntariamente se expresa lo que a cada cual le ha inspirado la música y hasta qué punto sus predicciones aparecen reflejadas en el tráiler completo. Se hacen comentarios al respecto.

Comprobamos que en muchas ocasiones sus dibujos o palabras están muy estrechamente relacionadas con las imágenes. Con esto demostramos el poder de comunicación de la música y su relación con los sentimientos y pensamientos, reflejados en nuestras expresiones artísticas.

Esta experiencia se realizó en la clase de inglés y el siguiente paso fue mostrar vocabulario relacionado con diferentes escenas. Se seleccionaron imágenes y se propuso la pregunta: "¿Hasta qué punto crees que esta imagen es importante en la película?". Escribieron sus respuestas de manera individual para posteriormente compartirlo con el resto de la clase.

Para practicar el lenguaje oral se proyectaron de nuevo las imágenes seleccionadas y se describió qué estaba sucediendo en cada una. Como tarea para casa escribieron un breve texto en el que imaginaran: argumento, personajes, lugares, hechos, etc... Al día siguiente, se compartieron los escritos en grupos pequeños y se compararon algunas versiones con el resto de la clase

Al final se les propusieron algunas frases del tráiler para que eligiesen una, la que más les gustara o inspirase. A partir de ella escribieron un nuevo texto incluyendo por qué la habían elegido, por qué creían que era importante en la película, qué mensaje pretendía transmitir y qué les decía particularmente a ellos.

Variante. Esta estrategia, en la que se parte de un tráiler de una película, se puede adaptar a cualquier materia y con diversos propósitos modificando la dinámica. En este sentido hemos experimentado en numerosas actividades que el cine es una clave motivadora potente: se pueden elegir una o varias secuencias, la introducción de la película o simplemente los créditos...

Reflexión sobre la experiencia

Esta actividad se llevó a cabo con grupos de estudiantes de 12 a 17 años, con adaptaciones según el nivel.

Con esta experiencia se consiguió lo siguiente: crear un clima agradable de trabajo, donde pudieron desarrollar sus habilidades artísticas sin ser juzgado; perder el miedo a intervenir de forma oral en lo que se refiere a anticipar o tratar de vaticinar lo que va a ocurrir en la película; una mayor participación de todo el alumnado, que mostró interés en los significados de las palabras y las citas propuestas, así como en ver el resto de la película; expresar sus emociones en voz alta o por escrito y una mayor motivación para escribir textos largos y, por tanto, mayor número de estudiantes que realizan esta tarea, en ocasiones difícil de conseguir.

13. Juegos para el camino

Nombre de la actividad	Clave motivadora	Propósito
Juegos para el camino	La recompensa. El juego	Desarrollar la creatividad y el ingenio. Realizar una actividad de final de curso que recogiese el trabajo. Experimentar la recompensa después de un trabajo bien hecho.

Descripción

Material: Cartones, cartulinas, plastificadora, lápices, rotuladores...

En este caso, la experiencia se realizó con alumnos de 13 años como actividad de final de curso, después de que casi toda la clase hubiese realizado el Camino de Santiago, en los días finales de junio. Los estudiantes dispuestos en grupos de cinco o seis personas diseñaron juegos de mesa originales con preguntas y respuestas sobre el Camino.

Se les dio libertad total para realizar todo tipo de juegos de mesa, con o sin tablero, de cartas, de preguntas y respuestas tipo trivial, la oca, pasa-palabra, con la única indicación de que tenían que versar sobre el Camino de Santiago.

Es una actividad que realizan con las calificaciones ya entregadas y no se les da una calificación, aunque hay *feedback* durante el proceso.

Como recompensa a los trabajos bien hechos, fueron donados a la asociación de Amigos de los Caminos de Santiago de Madrid, en cuya sede hicieron entrega personalmente de los mismos. La Asociación los repartió por distintos albergues del Camino para uso y disfrute de los peregrinos.

Variante Esta estrategia se puede realizar como cierre de cualquier actividad, como visitas a museos o salidas al campo o la ciudad. Los juegos que se creen en ese caso pueden quedar en la biblioteca del centro, donarlos a centros juveniles y de ocio o residencias de mayores, por ejemplo.

Reflexión sobre la experiencia

Fue importante la implicación en una tarea en los últimos días del curso en que los adolescentes ya no quieren ir a clase, y, sobre todo, la realización de una actividad motivados por crear algo útil para la sociedad y la satisfacción personal, y no por la calificación que pudieran obtener.

Además, se despertó la creatividad y se fomentó el trabajo en equipo. Se sintieron importantes y útiles. También se crearon lazos al recordar la experiencia compartida, incluso con los pocos alumnos que no habían ido al Camino.

Para ellos fue una recompensa que su trabajo tuviese visibilidad fuera del centro educativo, al pensar que muchos peregrinos jugarán con sus creaciones en diversos puntos de España.

Epílogo

Estas páginas han pretendido proporcionar un instrumento coherente y compacto que nos ayude a vivir la realidad del aula desde las dimensiones más fundamentales de la educación. Así como en un acordeón todas sus piezas se integran para producir un buen sonido, los diversos capítulos y apartados descritos en este volumen no tienen un sentido completo si no se relacionan con todos los demás.

Hemos bebido de la cascada formada con el fluir de cada capítulo y ha aumentado el caudal de nuestro rio. Su cauce nos ofrece las claves para que su agua y música armoniosa nos ayuden a valorar la profesión docente y disfrutar de ella. Su corriente serena nos anima a navegar por sus aguas y a avanzar con seguridad, sin miedos.

Por eso, conviene que, al leer o recordar alguna parte de este libro, volvamos a evocar su conjunto para que suene en armonía. Y, comprometidos socialmente con nuestro mundo, nos preguntemos de nuevo ¿Qué dimensiones tiene mi aula?

Deseamos que sea una fuente de inspiración para todos los docentes que, como el equipo que lo ha escrito, compartan este amor y vocación por la educación. Ojalá nos sirva para ayudar a descubrir el verdadero y maravilloso valor de la infancia y la juventud y, ante todo, para que podamos crecer como seres humanos.

Por eso, este epílogo no es el final de esta publicación. Con vuestra ayuda, seguiremos avanzando...

MUCHAS GRACIAS

Selección bibliográfica*

Alba Pastor, Carmen. *Enseñar pensando en todos los estudiantes*. SM. 2022.

Castellanos, Nazareth. *El espejo del cerebro*. La Huerta Grande, 2022.

Corradini, Matteo. *Crear. Cómo se desarrolla una mente creativa*. Narcea, 2011.

Cortina, Adela. *¿Ética o ideología de la inteligencia artificial?* Paidós, 2024.

Csikszentmihaly, Mihaly. *Fluir*. Kairós, 2020.

Cubeiro, Juan Carlos. "La sensación de fluidez". Pearson, 2011.

Díaz-Salazar, Rafael. *Educación y cambio ecosocial*. PPC-SM, 2016.

Esquirol, Josep María. *La escuela del alma: De la forma de educar a la forma de vivir*. Acantilado, 2024.

Fazenda Ivani. *Prácticas interdisciplinares en la escuela*. Octaedro. 2015.

Goleman, Daniel, Kaufman, Paul, y Ray Michael. *El espíritu creativo*. Ediciones B, 2018.

Hattie, John. *Aprendizaje visible*. Paraninfo, 2017.

Ibarrola, Begoña. *Aprendizaje emocionante. Neurociencia para el aula*. SM, 2013.

Johnson, David & Johnson, Richard. *La evaluación en el aprendizaje cooperativo"*. SM, 2014.

---

* Esta selección bibliográfica es solo una lista de los muchos títulos leídos y consultados por las autoras para este trabajo. Todos los títulos reseñados han tenido una impronta clara y directa en este libro y la mayoría de sus citas textuales provienen de estos autores. Así pues, esta selección puede ayudar a encontrar las referencias citadas y, sobre todo, a conocer mejor las fuentes más relevantes de esta publicación.

López Rupérez, Francisco. *El currículo y la educación en el siglo XXI.* Narcea, 2020.

Marrasé, Josep Manel. *Hacia una escuela ecohumanística.* Narcea, 2021.

Michavila, Francisco. *Pasión por la educación.* Tecnos, 2023.

Mora, Francisco. *Neuroeducación.* Alianza, 2013.

Morin, Edgar. *Los siete saberes necesarios para la educación del futuro.* UNESCO, 1990.

Morin, Edgar. *Educar en la era planetaria.* Gedisa, 2003.

Morin, Edgar. *Cambiemos de vía.* Paidós, 2021.

Nasarre, Eugenio (Ed.). *Por una educación humanista.* Narcea, 2022.

Rubin, Rick. *El arte de crear: Una manera de ser.* Diana, 2023.

Robinson, Ken. *Escuelas creativas.* Grijalbo, 2015.

Ruíz, Héctor. *¿Cómo aprendemos?* Graó, 2020.

Ruíz, Héctor. *Aprendiendo a aprender.* Vergara, 2020.

Sánchez Fuentes, Sergio. *El Diseño Universal para el Aprendizaje.* Narcea, 2023.

Santos Guerra, Miguel Ángel. *La evaluación como aprendizaje.* Narcea, 2000.

Sousa, David. *Neurociencia educativa. Mente, cerebro y educación.* Narcea, 2014.

Subirana, Victoria. *La pedagogía transformadora.* UNED, 2015.

UNESCO, *Informe de seguimiento de la educación en el mundo, 2023: tecnología en la educación: ¿una herramienta en los términos de quién?* UNESCO, 2024.

Valle, José Mª, Manso, Jesús y Sánchez-Tarazaga, Lucía. *Las competencias profesionales docentes.* Narcea, 2023.

Vergara, Juan José. *Aprendo porque quiero.* SM, 2017.

Vergara, Juan José. *Narrar el aprendizaje.* SM, 2018.

Vergara, Juan José. *Un aula, un proyecto.* Narcea, 2021.

COLECCIÓN "EDUCACIÓN HOY"

Aquí puede consultar la información de todos los títulos
publicados en esta Colección